Inhalt

Wildflüsse haben tiefe Schluchten in Cevennen und Ostpyrenäen gegraben – ideal für Wassersportler. Hier in den Détroits der Gorges du Tarn.

Südfrankreich
Languedoc-Roussillon

Languedoc-Roussillon – ein langer Name für eine langgestreckte und geschichtsträchtige Region in Südfrankreich. Eigentlich kommt ihr weit eher der Titel Provence zu, den nun ihre Nachbarin östlich der Rhône trägt. Denn weder nach Arles noch nach Marseille, sondern nach Narbonne, halbwegs zwischen Camargue und Pyrenäen gelegen, benannten die Römer das erste ihrer transalpinen Territorien: Provincia Gallia Narbonensis.

Die Übergänge zur Provence sind an der Rhône und ihrem Delta fließend. Das zeigt auch der dort thematisch anschließende HB-Bildatlas Nr. 192 ›Provence‹. Nordwärts verliert sich der Haut Languedoc zwischen Toulouse und den Ausläufern des Zentralmassivs. Im Westen war die Ebene des Roussillon nach den Römern westgotisch, sarazenisch, schließlich spanisch-aragonesisch und mallorquinisch beherrscht – sie blieb ein Teil des die Pyrenäen und Staatsgrenzen überschreitenden Kulturraums der Katalanen. Hier führt der HB-Bildatlas Nr. 109 ›Costa Brava · Katalonien‹ weiter.

Das historische Potpourri hat ein eng mit dem Heute verflochtenes Gewebe hinterlassen. Fast überall wuchsen römische Städte auf den ›oppida‹ der Einheimischen, gründen frühchristliche Kirchen auf römischen Tempeln. Der Languedoc war Ausgangsort für Kreuzzüge ins Heilige Land, dann aber auch Ziel nordfranzösischer Kreuzzüge gegen die Katharer. Auch die Zeichen dieser Epoche sind noch sichtbar.

In unserer Zeit hat den Languedoc ein seit Mitte der sechziger Jahre umgesetzter Plan geprägt, die bis dahin fast unberührte Küstennatur zu einer zweiten, volkstümlicheren Cote d'Azur zu machen, zu einem französischen Kalifornien. Futuristisch gemeinte Lagunensiedlungen neben Flamingoteichen, lebhafte Fischerhäfen, alte Städte mit ehrwürdigen Universitäten und Hochtechnologie, tief in karge Kalkplateaus gegrabene Schluchten, die Zufluchtsburgen der Katharer auf hohen Felsenzacken, weite Rebenfelder und sattgrüne Täler vor den bis ins Frühjahr schneebedeckten Gipfeln der Pyrenäen und Cevennen – hier läßt sich jeder Urlaubstraum zwischen Meeresnull und 2000 Höhenmetern verwirklichen.
Das lebhafte Porträt dieser Landschaft am Golfe du Lion zeichneten Alphons Schauseil (Text) und Kai Ulrich Müller (Bild).

Pointus heißen die kleinen, für die französische Mittelmeerküste so typischen Schnabelboote der Fischer, hier am Strand von Cerbère.

Titel: Rast vor Ruinen: am römischen Amphitheater in Nîmes.

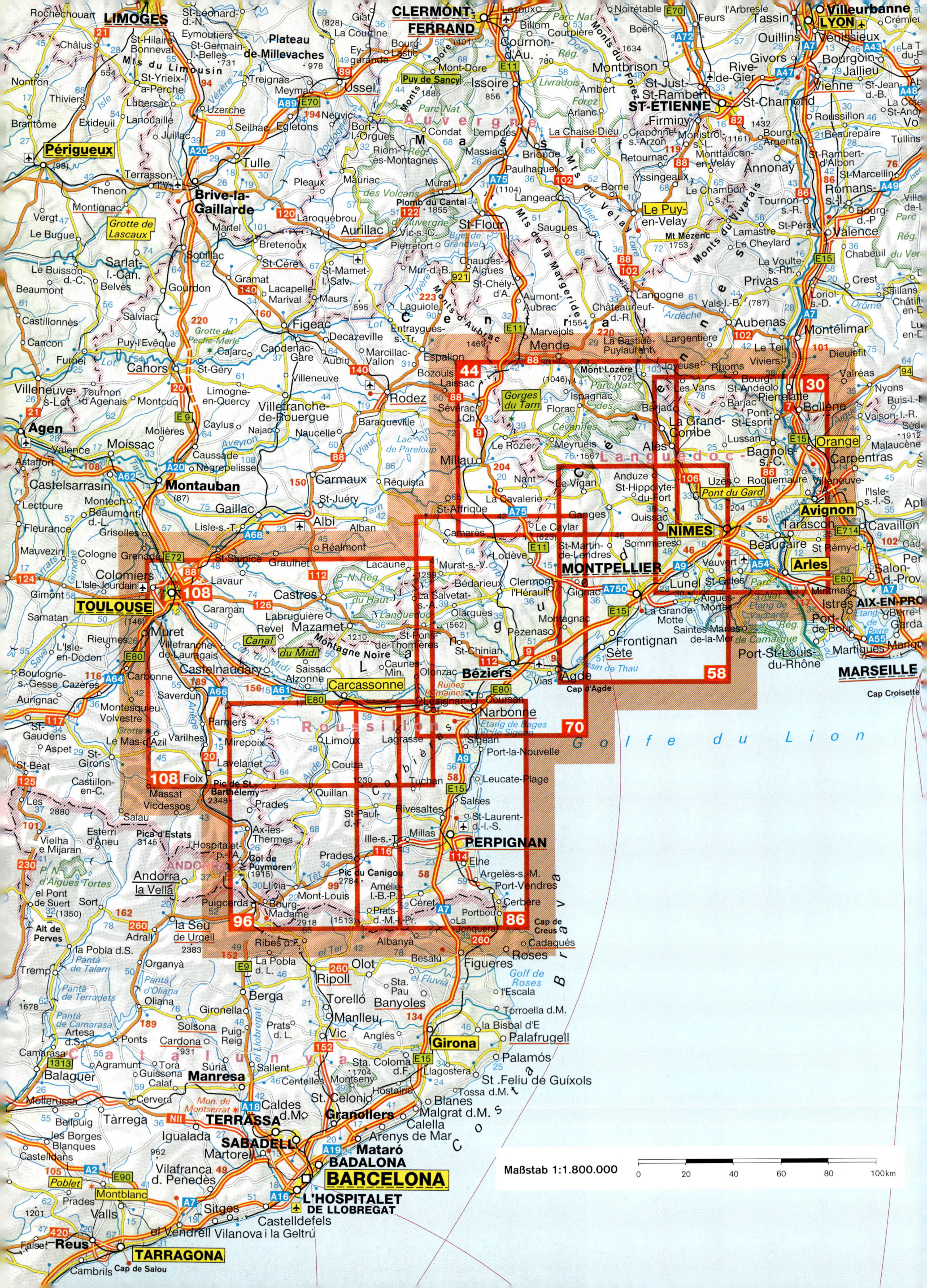

Maßstab 1:1.800.000
0
20
40
60
80
100 km
LIMOGES
CLERMONT-FERRAND
LYON
Villeurbanne
ST-ÉTIENNE
Périgueux
Brive-la-Gaillarde
Tulle
Aurillac
Le Puy-en-Velay
Valence
Montélimar
Orange
Avignon
Arles
NÎMES
MONTPELLIER
Béziers
Narbonne
Carcassonne
TOULOUSE
Montauban
Agen
Cahors
Rodez
Albi
Castres
Millau
Mende
Alès
Sète
Agde
Foix
PERPIGNAN
Andorra la Vella
Girona
BARCELONA
BADALONA
L'HOSPITALET DE LLOBREGAT
SABADELL
TERRASSA
TARRAGONA
Reus
Manresa
Figueres
MARSEILLE
AIX-EN-PROVENCE
Golfe du Lion
Auvergne
Languedoc
Roussillon
Catalunya
Costa Brava
30
44
58
70
86
96
106
108

Die Natur als Baumeister

An den Cevennen werfen im Herbst die regenschweren Atlantikwolken ihre Last ab. Dann tosen die Wasser von den eher flachen Hochplateaus mit Macht zum Meer. In Jahrmillionen haben sie tiefe Schluchten und unterirdische Gänge ins Gestein gehobelt – ganz gleich, ob ihnen Granit, Schiefer, Kalk oder Lava im Wege war. Dabei entstanden Gebilde, die an Menschenwerk erinnern: Felsruinen, Portale, Brücken.

Der grandiose Pont d'Arc, bei Normalwasser 34 Meter hoch und 59 Meter breit, ist für Kanuten das Tor zu den Grotten und Mäandern der Ardèche.

Schimmelkäse für die Herrscher

Nur in den Klüften eines Bergrutsches gedeiht, sanft befächelt von einem feuchten Wind, der Schimmelpilz ›penicillium roqueforti‹. Von den Schäfern, deren Herden auf den Hochebenen karges Grün abweiden, wird er der rohen Schafsmilch beigemengt. Dann reifen die frischen Laibe zwischen Kalksteinblöcken, bis sich der blaugrüne Edelpilz fein verästelt hat.
Er gibt dem spröden Käse, den schon die Cäsaren und Karl der Große schätzten, einen einzigartigen Geschmack.

Ein Maître fromager, ein Käsemeister, in einer Cave des Dorfes Roquefort-sur-Soulzon beim Überprüfen der langen Reihen von Rohmilchlaiben.

TRAGEDIE

Forum des Volkes: die Grande Place

Die Städte des Midi haben, was einer modernen City fehlt: die natürliche Mitte, ein Treff- und Ruhepunkt, eben die Grande Place. Von dort geht ihr Herzschlag aus, der selbst am Abend deutlich vernehmbar ist. Manche dieser Plätze gründen auf einem antiken Forum. Seit gut zwei Jahrtausenden wird dort intensiv gelebt; man tauscht sich aus beim Flanieren, hier beginnen und enden Amouren, werden Geschäfte eingefädelt.

Die Place de la Comédie in Montpellier: Die Fassade des Stadttheaters ist selbst Kulisse für die drei Brunnengrazien – eine Huldigung an die Schönen dieses Ortes.

Wagemut in wilden Wassern

Gurgelnde, weiß schäumende Wildwasser stürzen von den Cevennen und den Pyrenäen ins Flachland des Languedoc. In Jahrmillionen haben sie sich beharrlich in Hänge und Plateaus hineingefräst. Gorges heißen diese Schluchten, und eine Schlauchbootfahrt durch die Engpässe und Wirbel dieser Canyons ist – als ›Rafting‹ bekannt geworden – ein Spaß für risikofreudige Naturen.

Einen ortskundigen Führer braucht man in den Canyons – und sicheres Wetter. Denn ein Wolkenbruch weit oben kann Wildwasser tausendfach schwellen lassen. Hier Rafting in den Gorges de St-Georges des Aude.

Hehre Damen, edle Ritter

Obwohl jeder der vielen Kriege, die den Languedoc verheerten, unschätzbare, meist religiöse Kunstwerke vernichtet hat, ist die Landschaft doch reich an alten Schätzen. Vor allem in Kirchen, Abteien und Burgen konnten Altar- und Heiligenbilder, geschnitztes Gestühl und gewebte Wandbehänge vor Plünderung und Bildersturm geschützt werden. Das Schaffen dieser Jahrhunderte erzählt viel über die Menschen, die einst hier lebten.

Ein Edelfräulein und ein stolzer Reiter – Sinnbild aus der Zeit der Troubadoure. Als Wandteppich hängt es im ›neuen‹ Teil der einstigen Katharerfestung Puivert.

Südfrankreich kompakt:

Ein Stück Midi

Außerordentlich groß ist die landschaftliche und kulturelle Vielfalt dieser Mittelmeerregion, deren Anziehungskraft von drei Faktoren bestimmt wird: Zum einen ist da die fast 180 Kilometer lange Küste, gigantischer Freizeitspielplatz für den, der nichts möchte außer Sand und Sonne; dann regt ein oft küstennahes städtisches wie dörfliches Hinterland zu Entdeckungsreisen in mehr als zwei Jahrtausende abendländische Geschichte an; schließlich, immer noch nicht weit ab vom Meer, faszinieren die so unterschiedlichen Gebirgsformationen der Cevennen und Pyrenäen. Und überall, ob im provenzalischen Nîmes oder im katalanischen Perpignan, hat man es zu tun mit einem saftigen Stück Midi: mit Kräuter- und Knoblauchduft, dem Klicken der Boule-Kugeln, der verträumten Stunde bei einem ›petit café‹ oder Apéro, einer Feria mit Pauken und Trompeten oder einer inbrünstigen Bußprozession.

Im Sommer weiden Schafe auf den Hochebenen der zu einem Naturpark zusammengefaßten Grandes Causses.

Das Land: Berge und Städte

Offiziell umfaßt die Region Languedoc-Roussillon fünf Départements: Gard, Hérault, Lozère, Aude und Pyrénées-Orientales mit insgesamt 2,1 Millionen Einwohnern. Aus historischer Perspektive zählen aber auch Teile der Verwaltungsregionen Ardèche, Aveyron und Haute-Garonne dazu.
Der größte Teil der Küste besteht aus von der Rhône und westlichen Meeresströmungen angeschwemmtem Sand, der einstige Buchten mit – Lidos genannten – Nehrungen zu Lagunen eingedeicht hat, wie das Bassin de Thau oder den Étang de Sigean. Das Cap d'Agde ist der harte Rest eines Lavastroms. Der Mont-Clair bei Sète und das südlichere Cap Leucate haben porösen Kalkstein als Baustoff, während bei Collioure bis zur spanischen Grenze kristalline Felsmassen bis ans Meer vorrücken.
Höchste Cevennen-Gipfel im Languedoc sind der Pic Cassini (1685 m) am Mont Lozère und der Mont Aigoual (1567 m); in den Ostpyrenäen ragt der Canigou 2784 Meter hoch. In den Corbières gebührt dem Bugarach (1230 m) der Spitzenrang, in der Montagne Noire dem Pic de Nore (1210 m). Längster Fluß ist der Tarn (375 km), am kürzesten fließt der Tech, der seine Wassermenge von fünf auf 4500 Kubikmeter in der Sekunde steigern kann.
Größte Städte der Region sind Toulouse (359 000 Einwohner, 650 000 im Großraum), Montpellier (208 000/248 000), Perpignan (106 000/158 000), Béziers (71 000) und Narbonne (46 000).

Die Sonne hat oft Hausrecht

Mit durchschnittlich 2742 Sonnenstunden (Côte d'Azur 2882) entspricht der Languedoc der Vorstellung von einem warmen, südlichen Reiseziel. Doch wirklich mediterran ist das Klima nur in dem mehr oder weniger breiten Flachlandstreifen des Bas Languedoc und des Roussillon. Hier herrschen milde Temperaturen von Ostern bis in den November; selbst zum Mittwinter bleiben die Bistrostühle oft draußen. In Rhône-Nähe kann ab Oktober bis in den Mai ein eisiger Mistral wehen.
Auch in den Cevennen ist der Sommer kürzer. Dort stauen sich im Herbst atlantische Regenwolken zu manchmal dramatischen Niederschlägen, die bisweilen küstennahe Städte unter Wasser setzen.
Der Winter bricht zeitig über die Cevennen, Ausläufer des mächtigen Zentralmassivs, herein. Die Gipfelregionen von Mont Lozère und Mont Aigoual sind dann über Monate recht schneesichere Langlaufgebiete – wie die mittelmeerischen Pyrenäen, die schon alpine Prägung haben. Zugleich liegen diese überdurchschnittlich oft unter klarem Himmel – was die Sonnenöfen von Odeillo und Mont-Louis eindrucksvoll beweisen.

Sport zu Wasser, zu Lande

Die Landschaftsvariationen geben Raum für nahezu jeden Sport und jedes Können. Sportboot-Marinas längs der Küste regen zu Segel- und Motortörns an. Windsurfen gehört zu jedem Badeort, auch Seekajaks werden vermietet. Zum Tauchen lädt vor allem die felsige Côte Vermeille. Der Canal du Midi und der Canal du Rhône à Sète bieten stille Skipperfreuden auf Miethausbooten zwischen Beaucaire, Aigues-Mortes und Béziers bis hinauf nach Toulouse.
Auf den Wildwassern von Cevennen und Pyrenäen werden Kajak, Kanu, Rafting und Canyoning ausgeübt. Ein viele hundert Kilometer langes Netz von Wanderwegen durchzieht vor allem den Haut Languedoc, auf einigen kann man sich von Eseln oder Lamas begleiten lassen, die Gepäck oder Kinder tragen. Manche Pfade sind auch für

Traditionshandwerk schafft Arbeit in Gebieten mit wenig Industrie. Die Körbe aus dem Rhôneort Vallabregues sind schöne Souvenirs.

Ausflüge zu Pferde oder mit dem Rad geeignet. Angler dürfen in den Gebirgswassern auf reichen Fang rechnen. Langlaufloipen werden im Naturpark der Cevennen gespurt; alpinen Skizirkus gibt es um Font-Romeu in den Vorpyrenäen.

Eine eigene Zunge: Occitan

Das Französisch des Midi ist gewöhnungsbedürftig, aber mit seinem satten Akzent – ›päng‹ und ›väng‹ statt dem nasal modulierten ›pain‹, ›vin‹ (Brot, Wein) – und mit einem genüßlich ausgesprochenen ›e‹ am Wortende, etwa bei Pomme (Apfel), ist es recht leicht verständlich.
Die Langue d'oc (Okzitanisch) schlägt bei dieser Aussprache auch gut 450 Jahre nach der amtlichen Verordnung der nördlichen Langue d'oil – ›oc‹ und ›oil‹ bedeuteten ›ja‹ – noch durch. Entstanden aus der Verschmelzung von Vulgärlatein und gallischen Dialekten war sie die poetische Sprache minnesingender ›Troubadoure‹.
Ab 1945 erarbeiteten die Études Occitanes de Toulouse eine Orthographie, die allen Verästelungen des ›oc‹ gerecht wird. Sie sind noch heute Alltagsidiom bis nach Bordeaux, Clermont-Ferrand, Valence und Briançon in den Alpen. Seit 1984 ist eine regionale Form des Okzitanischen sogar als Abiturfach zugelassen. Das dem Occitan verwandte Katalanisch wird außer in Spanien im Roussillon gesprochen, wo weitläufig auch Spanisch verstanden wird.

Griechen, Römer und Goten

Phokäer, kleinasiatische Griechen, gründeten 560 v. Chr. von Marseille aus Agde (Agathé). Gut vier Jahrhunderte später besetzten die Römer den Bas Languedoc und machten Narbonne zur Hauptstadt ihrer Mittelmeerprovinz. Den für sie weniger interessanten Haut Languedoc gliederten sie später der Provinz Aquitanien an. Die Westgoten gründeten im 5. Jahrhundert das kurzlebige Tolosanische Königreich mit

Kultur, Religion, Sprache

Toulouse als Hauptstadt, konnten aber nach einer Niederlage durch den Frankenkönig Chlodwig (507) nur den Bas Languedoc behaupten. Erst Karl Martell vertrieb sie dort 737, dessen Sohn Pippin wenig später auch die nachgerückten Sarazenen. Karl der Große nahm 801 das damals Gothien genannte Katalonien als autonomes Gebiet in die Spanische Mark auf, die im 10. Jahrhundert in zahlreiche Feudalherrschaften zerfiel. Die Wallfahrten nach Santiago de Compostela setzten ein, und der romanische Kirchenbau erlebte eine Blütezeit – mit Toulouse als Zentrum.

Die Maison Carrée in Nîmes ist der besterhaltene Tempel der Römerzeit, heute als Ausstellungsort zeitgenössischer Kunst genutzt.

Kriege unter dem Kreuz

Im 12. Jahrhundert wurde die Lehrhoheit des römischen Katholizismus erstmals von Gläubigen in Frage gestellt. Die Katharer (griech.: ›die Reinen‹), eine auch auf orientalisch-mystischem Gedankengut aufbauende Sekte, gründeten 1167 in St-Félix-Lauragais bei Castelnaudary ihre ›Gegenkirche‹. Sie wollten den Menschen vom ihn umgebenden ›Bösen‹ befreien und zur ›Vollkommenheit‹ führen, leugneten aber die Göttlichkeit Christi, dem sie doch selbst nacheiferten. Vier Bistümer hat die Gemeinschaft gegründet: Albi (daher auch ihr Name ›Albigenser‹), Agen, Toulouse und Carcassonne. Gerade in den weltoffenen Handelsstädten fanden sie viele Anhänger. Bekehrungsversuche des hl. Bernard und dreier päpstlicher Legaten scheiterten.
1208 rief Papst Innozenz III. zum Kreuzzug gegen die Ketzer auf, an dem nordfranzösische, deutsche und österreichische Fürsten teilnahmen. Zwei Jahrzehnte dauerte der ›heilige Krieg‹, in dem 30 000 Bürger von Béziers (1209) massakriert und Zufluchtsburgen der Abtrünnigen wie Termes, Lastours und Puivert eingenommen wurden – ohne daß die neue Form der Frömmigkeit niedergekämpft werden konnte. Einen zweiten Kreuzzug (1226) führte der französische König Ludwig IX. an. Bis 1255 wurden die Burgen Peyrepertuse, Montségur, Puilaurens und zuletzt Quéribus erstürmt oder ausgehungert. Danach verschwand die Sekte in der Bedeutungslosigkeit.
Von 1276 bis 1344 war Perpignan Hauptstadt des Mallorquinischen Königreichs, zu dem auch das Roussillon und Montpellier gehörten. Bis 1450 folgten Unruhen und Kleinkriege, die Pest tötete etwa ein Drittel der Bevölkerung. 1562 brachen erneut – und diesmal in ganz Frankreich – Religionskriege aus. Das Edikt von Nantes (1598) gewährte den reformierten Protestanten (Hugenotten) zwar Glaubensfreiheit und sichere Plätze, im Languedoc u.a. in Nîmes, Alès, Aigues-Mortes und Montpellier – doch nur bis zum Widerruf durch Ludwig XIV. (1685). Erst 1787 setzte ein Toleranzerlaß den Verfolgungen ein Ende.

Wirtschaft: nicht nur Käse

Zwischen Cevennen und Bas Languedoc wird die karge Garrigue, eine der Macchia ähnliche Trockengrundvegetation, nur von genügsamen Schafen beweidet, die Wolle, Fleisch und Milch für die Käseherstellung (Spezialität ist der Roquefort) liefern.
Im östlichen Schwemmland bis zur Küste sowie an den westlichen Berghängen der Corbières und in der Ebene des Roussillon wachsen zumeist einfache Landweine und Muskateller, aber auch Qualitätstropfen: insgesamt 322 000 Hektar mit einem Ertrag von 18 Millionen Hektolitern.
Auf 34 500 Hektar gedeihen mit extrem früher Reife Pfirsiche, Aprikosen, Kirschen, Äpfel und Birnen, beim Gemüseanbau überwiegen Tomaten, Salat, Spargel und Melonen. Der Fischfang konzentriert sich auf roten Thun und Sardinen vor der Côte Vermeille sowie auf Aale in den Étangs. Die Austern- und Muschelzucht im Bassin de Thau und im Étang de Leucate steht nach der Charente in Frankreich an zweiter Stelle. Gut sieben Prozent aller Beschäftigten arbeiten in Landwirtschaft und Fischerei, zwölf Prozent in überwiegend kleinen und mittleren Industriebetrieben. Neben Raum- und Luftfahrt in Toulouse und High-Tech in Montpellier spielen vor allem Petrochemie, Lebensmittelkonservierung, Zement- und Düngerherstellung sowie Holzverarbeitung eine gewisse Rolle.
Eine stabile Säule ist der Tourismus: Für französische Urlauber ist der Languedoc-Roussillon nach der Côte d'Azur/Provence die zweitbeliebteste Ferienregion, bei ausländischen Besuchern erscheint das Gebiet erst auf Rang fünf: nach der Île-de-France/Paris, Côte d'Azur/Provence, Rhône/Alpes und Aquitanien.

Am Grand Canal von Sète, direkt vor den Seafood-Bistros, entladen die Trawler den Fang des Tages; hier trocknen ihre Netze.

Ein Meisterwerk gotischen Backsteinbaus ist die Kirche Les Jacobins in Toulouse. Auch das Portal erhielt einen kunstvollen Schmuck.

Romanik und Gotik

Im frühen 4. Jahrhundert, nach Anerkennung des Christentums durch Kaiser Konstantin, entstanden die ersten Baptisterien und – über Märtyrergräbern – Krypten und Kapellen. Beeinflußt von der Römerbaukunst und ausgehend von der im 5. Jahrhundert in Marseille gegründeten Basilika St-Victor, entwickelte sich eine ausdrucksstarke, teils festungsartige Romanik: Das Dreierportal in St-Gilles gleicht noch antiken Triumphbögen, die Kathedrale von Maguelone bot mit Schießscharten und Zinnenwehr Schutz vor den Sarazenen.
Auch die Gotik bleibt der okzitanischen Romanik eng verbunden. Charakteristisch in und um Toulouse sind die Verwendung von Ziegeln und, an Stelle eines Turmes, die hohe, teils durchbrochene Frontfassade für den Glockenstuhl. Nur der Chor der unfertigen Kathedrale von Narbonne wurde im ›französischen‹ Stil errichtet.

Brot und Spiele – die Feria in Nîmes vereint beides wie vor zweitausend Jahren. Zwischendurch kann man sich direkt am Amphitheater stärken.

Nîmes, Roms Nachlaß im Languedoc

Die Provincia Gallia Narbonensis – das Languedoc und die Provence – waren erste Eroberungen Roms in Westeuropa. Fünf Jahrhunderte lang ließen die Cäsaren und ihre Statthalter Straßen, Brücken und Aquädukte erbauen, dazu Tempel für die launischen Götter. Zu ihrem eigenen Ruhm und um das Volk bei Laune zu halten, entstanden Theater und Arenen, die nun wieder Bühne sind für die Lebenslust des Südens.

△ Gardians zu Roß flankieren Kampfstiere zur Arena in Vauvert

△ Paso Doble zum Auftakt einer Corrida in Nîmes

Phantasievolles Schminken gehört zur Feria …▽

△ … wie ausgefallene Kleidung …

… und furioser Flamenco ▽

Im Hechtsprung entkommt ein Kokardenabreißer dem Stier

Beginnt Spanien etwa schon in Nîmes? Wenn die Stadt das Feria-Fieber packt, will es fast den Anschein haben. Denn dann legt sie ihr Festtagskleid an, ganz so wie die Toreros sich ein rituelles Gewand überstreifen, mit dem sie dem Stier, bevor er sterben muß, eine Art Ehrerbietung zollen. Zweimal im Jahr, zu Pfingsten und zur Weinernte wiederholt sich dieser Vorgang. Wer denkt da noch an schlafen? Den Nîmois und Tausenden von Besuchern wird dann auf Schritt und Tritt eingeheizt – ob sie nun die spanische Corrida schätzen oder die Courses à la cocarde, unblutige Kampfspiele mit Camargue-Stieren.

Nîmes im Feria-Taumel

Da lärmen die Blechmusiker verschiedener Kapellen, duftet es überall nach Paella, nimmt man noch rasch ein paar Tapas in den hier und da errichteten Bodegas zu sich, auch einen Sherry fino oder Manzanilla, bevor sich im Fackelschein eines großen Umzugs sämtliche Orchester mit karnevalesk-pompösen Festwagen über die Boulevards zur Arena bewegen.

Die verwegenen Gardians werden bejubelt, diese Cowboys der Camargue auf weißen und grauen Rössern, lange, stumpfe Dreizacklanzen in der Hand. Wie souverän sie mit beiden umzugehen wissen, zeigen sie, wenn sie vor der Course à la cocarde den Bullen am fernen Ende einer Straße die Ladeklappe des Lasters öffnen und sie im Galopp zwischen sich nehmend durch die Menge preschen lassen. Einen ›Abrivado‹ nennen sie das und nach dem Kampf, wenn es mit den unversehrten Stieren zurück zur Weide geht, einen ›Bandido‹: Ohne dieses Vokabular bleiben Plakate und Programm der Feria Nichteingeweihten ein Rätsel.

Die dramatische spanische Corrida dagegen, bei der es um Leben und Tod geht, auch für den Torero, knüpft an die Gladiatorenkämpfe an, welche vor zwei Jahrtausenden die römische Arena mit bis zu 24 000 Schaulustigen füllten. Erst seit 1952 veranstaltet die Stadt ihre Ferias und ist seitdem, obwohl es Stierkämpfe auch in anderen Landesteilen gibt, Frankreichs Hochburg der Tauromachie, des Kults um den Stier.

△ Ein Park ›à la française‹ um die Nemausus-Quelle

△ Lichtgestalt: Denkmal des Toreros ›Nimeño‹

La Maison Carrée, der schönste aller Römertempel ▽

△ Erwartungsvolle Menge vor dem Halbrund der Arena

Unter Palmen im Marktgetümmel – auch das ist Nîmes ▽

Tod und Leben in der Arena

Zwei Welten und zwei Epochen umspannt eine solche Feria. Ohne das historische Ambiente wäre sie wohl kaum der Rede wert. Die Arena, das antike Amphitheater, ist immer noch Mittelpunkt, genauer: Sie ist es wieder. Denn im Jahr 404 zog das Christentum, für das in diesem Oval viele Märtyrer den Tod erlitten, den Schlußstrich unter die blutigen Spektakel. Westgoten machten eine Festung aus dem Römerbau, die Landgrafen von Nîmes setzten ihr Schloß hinein, schließlich überwucherten Wohnhäuser und Kapellen die Arkaden und Ränge. Erst unter Napoleon I. begann man, die Anlage wieder freizulegen. 1853 wurde hier die erste französische Corrida ausgetragen.

Blauer Mythos und rauhes Reet

Rund um die Welt, wenngleich amerikanisch abgeschliffen, ging der Stadtname nach Kriegsende mit den blauen, ursprünglich für Arbeiter geschneiderten Hosen aus Denim, Stoff aus Nîmes – de Nîmes. Im Mittelalter wurde der strapazierfähige und günstige Serge nach ganz Europa verkauft, als Segeltuch und für Planen. Seeleute aus Genua ließen sich daraus schon Kleidung nähen. Aus dem französischen Gênes entstand so, ebenfalls verballhornt, ein Gattungsname: Jeans.

Nîmes, das antike Nemausus der Gallier, zählt sich – nicht nur, was die Leidenschaft für Stiere angeht – eher zum Rhône-Delta als zum Hügelland, das von hier allmählich hinauf zu den Cevennen steigt. Wiederkehrendes Element mitten in der dürren Buschlandschaft der Garrigue ist das Wasser. Auch in der Petite Camargue patschen Schimmel und Rinder im Schwemmland der ›kleinen‹ Rhône herum. Aber dort wird nicht wie im großen Delta Reis angebaut, sondern seit dem 13. Jahrhundert in weitflächigen Schilfgürteln das natürlich wachsende Rohr geschnitten, für Reetdächer und Windschutzmatten. Dort heimische Purpurreiher und andere seltene Vögel stört das nicht.

Gar nicht weit davon wird ein weltweit bekannter Edelsprudel, Perrier, von den Karstflächen der Garrigue und vulkanischen Schichten gespeist.

△ *Kleeblattblick von der Tour Bermonde auf Uzès und die Tour Fenestrelle*

Landweinverkauf mit alten Korbflaschen auf dem Markt in Uzès ▽

△ *Korbflechtermahlzeit in Vallabrègues*

Olivenöl-Mahlwerk in Martignargues ▽

△ Der Aquädukt Pont du Gard trug Wasser nach Nîmes

In alten Mauern nistet dieses Hotel in Uzès ▽

Schon die Römer nutzten solche Quellen. Nachdem der Nemausus-Brunnen nicht mehr für die wachsende Bevölkerung von Nîmes reichte, holten sie sich das Wasser aus den Hügeln bei Uzès in die Stadt – 20 000 Kubikmeter pro Tag für etwa ebensoviele Einwohner.

Antike Technik: Pont du Gard

Der 50 Kilometer lange Aquädukt folgt windungsreich dem natürlichen Gefälle. Die glattgemauerte, plattenbedeckte Rinne mit Lüftungen und Absetzbecken für Sedimente versehen, quert in einem der großartigsten Bauten der Römerzeit, dem Pont du Gard, das Tal des Cevennenflusses Gardon.

Die bis zu sechs Tonnen schweren Quader aus Muschelkalk wurden mit Flaschenzügen an ihren Platz gehievt, wo sie sich durch geringes Hin- und Herschieben mörtellos verbanden. Angetrieben wurden die Winschen von großen Holztrommeln, in denen Sklaven wie in einem Hamsterrad stetig ›bergan‹ laufen mußten. Endpunkt der Wasserrinne war das Castellum in Nîmes, der städtische Verteiler. Kalkablagerungen hatten den Aquädukt im 9. Jahrhundert schließlich verstopft, an vielen Stellen holten sich Anrainer die Quader als Baumaterial für ihre Häuser. Erst Napoleon III. ließ wenigstens das Brückenbauwerk restaurieren.

Wieder ganz Provinz: Beaucaire

Eine ganz andere Bedeutung hatte das Wasser für Beaucaire. Die Rhône, selbst Transportweg, wurde hier seit Gallierzeiten von einer Handelsstraße zwischen Italien und Spanien überquert. So wurde der Ort zum Umschlagplatz für alle Himmelsrichtungen. Noch während der Albigenserkriege im 13. Jahrhundert rief Graf Raimund VI. von Toulouse hier einen Jahrmarkt ins Leben, der anfangs eine Juli-Woche dauerte, sich bald aber, nachdem Ludwig IX. das Privileg eines Freihafens gewährt hatte, den ganzen Monat hinzog – eine erste ›Messe‹ und zugleich gigantisches Gauklerfest. Bis zu 300 000 Menschen strömten zusammen.

Händler aus Abend- und Morgenland breiteten ihre Schätze aus: Wolltuche, Tauwerk, Waffen, Seife, Fayencen die einen, Seide, Gewürze,

In eine Kalkkuppe hineingemeißelt: Abtei St-Roman bei Beaucaire ▽

△ Das Mittelstück des Dreierportals von St-Gilles ist trotz seiner Verstümmelung ein Juwel südländischer Romanik

Kampfstiere in der Petite Camargue ▽

△ Nicht nur Wein wächst in langen Reihen bei Beaucaire, auch Rosen versprechen eine gute Ernte

△ Greifvogelschau im Schloßhof von Beaucaire

Weiß oder grau sind die Camargue-Pferde ▽

Duftwässer, Zucker, Südfrüchte die anderen. Komödianten und Akrobaten traten auf, Tierbändiger führten Löwen und Elefanten vor. Erst die Eisenbahn machte diesen Markt überflüssig. In der nun beschaulichen Kleinstadt erinnern noch Gassennamen wie Rue des Bijoutiers und Rue du Beaujolais an einstige Zünfte oder an Handelsgut. Im schmalen Kanalhafen wohnen nun neben Yachten europäische Aussteiger auf teils kuriosen Booten, einige mit Mini-Garten am festen Liegeplatz, andere zeigen den dänischen Danebrog oder Schwarz-Rot-Gold am Heck. Hin und wieder tuckert so ein Gefährt ein paar Tagereisen hinaus – auf der Rhône oder ihrem hier beginnenden Verbindungskanal nach Grau-du-Roi oder Sète.

Uzès' Glanz hat matte Stellen

Geradezu jung im Vergleich zu Beaucaire ist die bis heute so sehr viel mehr vom Mittelalter geprägte Stadt Uzès am oberen Ende des Aquädukts. Sie war Bischofs- und Herzogssitz, die Dynastie rühmte sich gar, von Karl dem Großen abzustammen. Aber der Ort war in den Religionskriegen des 16./17. Jahrhunderts auch Schauplatz von Selbstzerfleischung: Die hier zahlreichen Protestanten wurden ins Exil getrieben, dem damaligen Herzog dankte Ihre Katholische Majestät die Kirchentreue mit hohen Ehren bei Hofe.
Le Duché, der immer wieder erweiterte Herzogspalast, die vielfenstrige romanische Tour Fenestrelle, einziger Rest der in den Glaubenskämpfen zerstörten Kathedrale und Wahrzeichen des Orts, die von Platanen beschattete Place aux Herbes und all die schönen aus Renaissance und Klassizismus stammenden Stadtresidenzen reicher Adliger und Tuchfabrikanten: Dies ganze historische Ensemble steht heute unter Denkmalschutz. Doch das bedeutet neben aufwendiger Restauration auch traurigen Verfall, wenn das Geld dazu fehlt. Gegenüber einem zur Luxusherberge umgewandelten Palais stehen bröckelnde Pfeiler und die Fassade eines verlassenen Grafensitzes. Am unberührtesten, der Zeit entrückt, wirkt die Sicht über die hitzeglühenden Ziegeldächer, 135 Stufen hoch von der Tour Bermonde.

△ Blick von einem Belvedere auf die Mäander der Ardèche

△ Zierkürbisse sind diese Coloquinten

Eisenbahnmuseum in Arpaillargues bei Uzès ▽

△ Nächtlicher Umzug beim Legendenfest in St-Ambroix

Kanuten-Traum: einmal hindurch unter dem Pont d'Arc ▽

Fliesen für den Papstpalast

In der Nähe wird St-Quentin-la-Poterie wieder seinem Ruf als Töpferdorf gerecht. Es sitzt geradezu auf seinem Werkstoff, einem besonders geschmeidigen Tongestein. Im 14. Jahrhundert machten vor allem seine glasierten Fliesen Furore; die seit 1309 in der Abhängigkeit der französischen Könige stehenden Exilpäpste bestellten hunderttausend Stück für ihr prächtiges Palais in Avignon. Ziegel und Tonpfeifen wurden noch bis vor ein paar Jahrzehnten produziert. Nun sind großstadtmüde Kunsthandwerker zugewandert, entschlossen, die lokalen Traditionen fortzuführen.

Die Wildwasser der Ardèche

Wasser, mal dahingleitend, mal tobend, nicht in gemauerte Bahnen zu zwingen – das ist in schönster Form der Unterlauf der Ardèche, einem Nebenfluß der Rhône. Gorges, Canyons oder Cluses heißen diese Schluchten, die sich solche Wildwasser in Millionen Jahren in den Felsengrund gefräst haben. Die Gorges de l'Ardèche sind besonders beeindruckend in der Vielfalt ihrer Schleifen, Strände, Engpässe, Grotten und Erosionen – mit dem natürlichen Triumphbogen des Pont d'Arc als Höhepunkt. Ein Paradies für Kajak- und Kanusportler bei sommerlichem Niedrigwasser, eine Hölle aber, wenn Herbst- und Frühlingsregen die dreitausendfache Wassermenge durch den schmalen Canyon pressen. Eine solche Flutwelle brandete 1877 sogar über die Rhône hinweg und zerstörte den Deich auf dem gegenüberliegenden Ufer.

Stille und unendlich langsame Arbeit leistet das Wasser dagegen am Rand dieses Naturreservats im Aven d'Orgnac. Ein Aven ist ein vom kohlensauren Regen in den spaltenreichen Karst gegrabener Trichter oder Brunnen, in dem sich der Untergrund scheinbar selbst verschluckt.

Im Aven d'Orgnac, in seinem ganzen Ausmaß erst seit 1966 erkundet, haben Erosion und ein gewaltiger Deckeneinsturz vier sogenannte Säle geschaffen, in denen riesige Stalagmiten gewachsen sind. Orgnac ist eine von vielen Tropfsteinhöhlen des Languedoc, die in ihrer Ausformung höchst verschiedenartig sind.

LES VANS
Naves
Chandolas
Grospierres
Comps
Dolmens
VALLON-PONT-D'ARC
Salavas
Vieux Vallon
Grotte des Tunnels
Chames
Pont d'Arc
Aven de Marzal
Gorges de l'Ardèche
St Remèze
Bidon
Grotte d'Ebbo
Labastide-de-Virac
Les Crottes
Grotte de la Madeleine
Orgnac-l'Aven
Aven d'Orgnac
Le Garn
Laval-St Roman
Aiguèze
le Bosquet
Menhir
BOURG-ST ANDÉOL
Eglise romane
PIERRELATTE
Vinsas
les Blaches
Faveyrolles
Centrale nucléaire
St PAUL
Trois-Châteaux
la Garde-Adhémar
Chapelle du Val-des-Nymphes
Clansayes
Romanin
Solérieux
Cathédrale romane
St Restitut
Chabrières
St Ferréol
Lapalud
Bollène
BOLLÈNE
Gourdon
Derboux
Rochegude
Mondragon
Massillan
Uchaux
Mornas-les-Adrets
Mornas
la Galle
Piolenc
ORANGE
Martignan
Orange Centre
Caderousse
Eglise romane
CHÂTEAUNEUF-du-Pape
ROQUEMAURE
Sauveterre
Pujaut
Tavel
Autoroute la Languedocienne
Trinquevédel
VILLENEUVE-lès-Avignon
les Angles
Palais des Papes
AVIGNON
Durance
Barbentane
Rognonas
la Montagnette
Abbaye St Michel de Frigolet (Cloître roman)
Graveson
Maillane
Frédéric Mistral
St Marcellin
Boulbon
TARASCON
Eglise romane
BEAUCAIRE
Abbaye de St Roman
Comps
Jonquières-St. Vincent
Chaîne des Alpilles
Les Baux-de-Provence
Fontvieille
Moulin de Daudet
Montmajour
Abbaye de Montmajour (rom.)
Aqueducs
ARLES
Arènes, Théâtre Antique
Museon Arlaten
Van Gogh
St Martin-de-Crau
Raphèle-lès-Arles
Mas des Aulnes
Grand Rhône
Petit Rhône
Fourques
St GILLES
Eglise romane
Saliers
Gimeaux
Ste Cécile
Musée
Albaron
Camargue
VAUVERT
le Cailar
Gallician
Franquevaux
Espeyran
Mas Blanquet
Etang de Scamandre
Etang du Charnier
LUNEL
Lunel-Viel
Marsillargues
Aimargues
St Laurent-d'Aigouze
Tartuguière
Candillargues
Mudaison
Lansargues
St Christol
Vérargues
Gallargues
Aigues-Vives
Vergèze
Codognan
Vestric-et-Candiac
Uchaud
Bernis
Aubord
Générac
Beauvoisin
Bellegarde
Campuget
Manduel
Redessan
Bouillargues
Garons
Nîmes-Garons
Caissargues
NÎMES
Maison Carrée
Arènes
Nîmes-Ouest
Nîmes-Est
MARGUERITTES
St Gervasy
Bezouce
Meynes
Rodilhan
Milhaud
Langlade
Oppidum
Nages-et-Solorgues
Boissières
Calvisson
Congénies
Aujargues
SOMMIÈRES
Château de Villevieille
Château de Pondres
Fontanès
Lecques
Combas
Montpezat
Parignargues
St MAMERT-du-Gard
Crespian
Montmirat
Gajan
La Calmette
Dions
Pic de Guerre
Camp des Garrigues
Massillan
les Fontilles
Cabrières
Lédenon
Poulx
Gorges du Gardon
Sernhac
Clausonne
Pont du Gard
REMOULINS
Fournès
St Bonnet-du-Gard
Théziers
ARAMON
Domazan
Estézargues
Saze
Rochefort-du-Gard
Castillon-du-Gard
Vers-Pont-du-Gard
St Hilaire-d'Ozilhan
Collias
Sanilhac-Sagriès
Argilliers
Castille
Ermitage
Grotte de la Baume
Pont St Nicolas
Ste-Anastasie
Russan
Blauzac
Bourdic
Arpaillargues-et-Aureillac
Garrigues
St CHAPTES
La Tour
Moussac
Brignon
Saint-Dézéry
Collorgues
Aubussargues
Castelnau-Valence
Castelnau
Baron
Foissac
Serviers-et-Labaume
Montaren-et-St-Médiers
UZÈS
Musée du Bonbon
Duché
Moulin Neuf
St Quentin-la-Poterie
St Siffret
St Maximin
Flaux
Valliguières
Pouzilhac
Gaujac
Connaux
le Pin
La Capelle-et-Masmolène
St Victor-des-Oules
St Hippolyte-de-Montaigu
Vallabrix
Masmolène
Pougnadoresse
Cavillargues
St Laurent-la-Vernède
Fontarèches
la Bastide-d'Engras
Belvézet
la Bruguière
Vallérargues
Lussan
LUSSAN
Audabiac
les Opiats
St Marcel-de-Careiret
Tresques
St Pons-la-Calm
Laudun
l'Ardoise
St Paul-les-Fonts
St Victor-la-Coste
St Geniès-de-Comolas
Montfaucon
Corresson
St Laurent-des-Arbres
Lirac
le Clary
Roquemaure
BAGNOLS-sur-Cèze
Chusclan
Marcoule
Usine Atomique
Codolet
Orsan
Cadignac
les Imbres
Montron
Sabran
Colombier
Donnat
Moncaut
la Roque-sur-Cèze
Cascade du Sautadet
St Gervais
St Nazaire
Vénéjan
les Cellettes
St Etienne-des-Sorts
St Alexandre
Carsan
St Paulet-de-Caisson
PONT-St ESPRIT
Pont antique
Salazac
Ancienne Chartreuse de Valbonne
St Christol-de-Rodières
St Julien-de-Peyrolas
Montclus
Issirac
Bernas
Frigoulet
Goudargues
Cornillon
St Laurent-de-Carnols
St Michel-d'Euzet
Verfeuil
St André-d'Olérargues
St André-de-Roquepertuis
Montfaucon
Méjannes-le-Clap
la Lèque
Fons-sur-Lussan
Menhir
Malataverne
Coulorgues
BARJAC
St Privat-de-Champclos
Tharaux
Rochegude
Rivières
Theyrargues
Allègre
Arlinde
Boisson
St Ambroix
St AMBROIX
St Victor-de-Malcap
St Denis
Potelières
St Julien-de-Cassagnas
les Fumades-les-Bains
Navacelles
Salindres
Servas
le Puech
Bouquet
les Plans
Brouzet-lès-Alès
Seynes
St Just-et-Vacquières
Mons
Méjannes-lès-Alès
Monteils
ALÈS
St Privat-des-Vieux
St Martin-de-Valgalgues
St Julien-les-Rosiers
le Castelas
LA GRANDE-COMBE
les Salles-du-Gardon
Cendras
Brouzet
St Jean-du-Pin
St Christol-lès-Alès
Bagard
Vézénobres
VÉZÉNOBRES
Deaux
St Etienne-de-l'Olm
St Hilaire-de-Brethmas
St Hippolyte-de-Caton
Euzet
St Jean-de-Ceyrargues
Martignargues
Ners
Cassagnoles
Maruéjols-lès-Gardon
St Bénézet
Domessargues
LÉDIGNAN
Aigremont
Mauressargues
Montignargues
Sauzet
St Geniès-de-Malgoirès
la Rouvière
Montagnac
St Bauzély
Moulézan
Fons
Cannes-et-Clairan
Savignargues
Puechredon
Logrian-Florian
Canaules-et-Argentières
St Jean-de-Serres
Lézan
Massanes
les Taverne
Ribaute-les-Tavernes
Vermeil
Cardet
Attuech
Lascours
Gardon d'Anduze
Besseges
BESSÈGES
Grotte de la Cocalière
Robiac-Rochessadoule
Molières-sur-Cèze
Meyrannes
Gammal
St Brès
Barjac
Courry
St Sauveur-de-Cruzières
St André-de-Cruzières
Beaulieu
Bessas
Chaudouillet
Sauvas
Bordezac
Gagnières
Malbosc
Rochessadoule
Portes
le Chaylard
Sénéchas
Chamborigaud
Champclauson
Cité de l'Aubradou
St Florent-sur-Auzonnet
le Pradel
St Jean-de-Valériscle
le Martinet
Banne
Berrias
Beaulieu
Sommières
Château Montredon
Galargues
Saussines
Boisseron
St Sériès
Villetelle
Saturargues
Château de Teillan
Restinclières
St Geniès-des-Mourgues
St Brès
Valergues
Marsillargues
Mas Desports
St Nazaire-de-Pézan
Mas de Chaberton
P. des Tourradons
Mas des Isles
Etang de Grey
Canal du Rhône à Sète
Mas Bourrie
Beck
St. André
Surville
Mas Pérouse
Aristide Dumont
la Grand-Cabane
Mas de Grille
Mas de Vert
Petit Argence
Mas du Grand Argence
Mas du Tort
Mas de Rangouy
Tavernel
les Grands-Patis
Viguier
le Grand Castelet
Lansac
Camargue
St Gabriel
Auge
St Jean
Estoublon
Escanin
Montauban
Paradou
Maussane-les-Alpilles
Le Grand Barbegal
Castelet
Ste Croix
St Victor
Trouniaire
Moulès
Mas de la Ville
Bouchaud
Tour de Mondony
Stanislas
Gageron
Mas du Pont de Rousty
Figares
la Fosse
Tour
A9
A7
E15
E80
A54

Wo gibt es was?

Fähnchen-/Nadelnummer = Textnummer ⓘ = Auskunft

Nîmes ①

Verwaltungshauptstadt des Departements Gard (128 500 Einw.). Ihre antike Arena ist Frankreichs Hochburg spanischer Stierkämpfe. Nîmes besitzt u. a. eine traditionelle Stoffindustrie; in jüngster Zeit entwickelte es sich zielstrebig zu einem Zentrum von Kunst und moderner Architektur.
Geschichte: Das alte Nemausus war seit ca. 400 v.Chr. Hauptort von mehr als 20 gallischen Oppida. Das Krokodil im Stadtwappen, nach dem Vorbild im Ort gefundener Münzen, deutet darauf hin, daß Augustus hier nach der Schlacht bei Actium (31 v. Chr.) Veteranen seiner in Ägypten siegreichen Legionen ansiedelte. Vom 5. Jh. bis zur Französischen Revolution war Nîmes Schauplatz von Kämpfen zwischen Katholiken, Juden und Protestanten.
Sehenswert: Das Oval des Amphitheaters (133 x 101 m) vom Ende des 1. Jh. gilt als die besterhaltene Arena des römischen Imperiums (Mai–Sept. 9–18.30, sonst 9 bis 12, 14–17 Uhr). Auch der Zustand des nun Maison Carrée genannten Tempels aus gleicher Zeit ist erstaunlich. Seine Cella dient als Antikmuseum (tgl. 9–12, 14.30–18 Uhr). Gegenüber entwarf Norman Foster den Glaspalast des Carrée d'Art, Mediathek und Museum zeitgenössischer Kunst seit 1960 (di–so 10–19/18 Uhr). Den Park Jardins de la Fontaine, im 18. Jh. nach dem Plan der antiken Nemausus-Quelle angelegt, überragt die Tour Magne, Rest der 15 v. Chr. angelegten Stadtbefestigung (Mai–Sept. tgl. 9–19 sonst 10-12, 13.30 bis 18 Uhr). Der am Quellbassin gelegene Diana-Tempel deutet auf einen (noch freizulegenden) Baukomplex des 2. Jh. Das Castellum verteilte das über den Aquädukt des Pont du Gard geleitete Cevennenwasser in der Stadt. Musée d'Archéologie und Musée du Vieux Nîmes zeigen gallorömische Funde sowie traditionelle Wohnmilieus (di–so 11–18 Uhr).
Einkaufen: Farbenfroh-mediterrane Stoffe und Trachten gibt es u.a. bei ›Souleiado‹ und bei ›Les Indiennes de Nîmes‹, beide an der Place de la Maison Carrée.
Aktivitäten: Freizeitkomplex ›Aquatropic‹ (ganzj.), Golfplätze (18-Loch).
Veranstaltungen: In der Pfingstwoche und am vorletzten Sept.-Wochenende steht die Stadt im Zeichen einer Feria mit spanischen (Corridas) und provenzalischen (Courses à la cocarde) Stierkämpfen, Musik, Umzügen. Stierkämpfe u. -spiele auch Mai–Sept.; Internat. Jazzfestival (Ende Juli); Été de Nîmes (Juni–Sept., Tanz, Konzerte, Theater). Flohmarkt so vorm. (Stade des Costières); Trödelmarkt mo (Blvd. Jean Jaurès).
Umgebung: Bei *Vergèze* (20 km südwestl.) die Sprudelwasserquelle Perrier (Führungen durch die Abfüllanlagen tgl.).
ⓘ Office du Tourisme, 6, Rue Auguste, F-30000 Nîmes, Tel. 04 66 58 38 00, Internet: www.ot-nimes-fr

St-Gilles ②

Die Wallfahrtsabtei St-Gilles entstand im 11. Jh. über der größten Krypta Frankreichs mit dem Grab des legendären St. Gilles. Religionskriege und Revolution brachten die Zerstörung von Kloster, Kirchengewölbe, Glockenturm und vielen Statuen. Die Fassade der seitdem ›halbierten‹ Kirche gilt als Meisterwerk mediterraner Romanik. Im früheren Chor gilt die einst zum Nordturm führende Wendeltreppe (1142) als Musterbeispiel mittelalterlicher Steinmetzkunst.
Umgebung: Die leistungsstarke Pumpstation Aristide Dumont (5 km nördl., D 38; nicht zu besichtigen) versorgt über ein Netz von Kanälen die Landwirtschaft der Languedoc-Niederung mit Rhône-Wasser. An den *Etangs* von *Scamandre* und *Chamier* (10 km südwestl.) der Petite Camargue ist die Reeternte interessant (Nov.–April).
ⓘ Office de Tourisme, Place Frédéric Mistral, F-30800 St-Gilles, Tel. 04 66 87 33 75.

Beaucaire ③

Das antike Ugernum (heute 13 400 Einw.) wurde im Mittelalter internationaler Handelsplatz. Sein Königsschloß überwachte die Reichsgrenze gegenüber der provenzalischen Feste von *Tarascon* am anderen Rhône-Ufer. Der Hafen ist Zugang eines Schiffahrtskanals, der von der Rhône nach Le Grau-du-Roi und Sète führt.
Sehenswert: Stadtpanorama und Blick auf Tarascon von der Tour Polygonale des Schlosses (11. Jh.). Im Schloßbereich das Musée Auguste-Jacquet (antike Funde, Stadtgeschichte; tgl. außer di/fei 10–12, 14–18.45/17.15 Uhr; nur zu diesen Zeiten Zugang zu den Wallanlagen). Sehenswert das Rathaus (1683) des Versailles-Baumeisters Hardouin-Mansart sowie vor der Stadt das Deichbauwerk mit Hochwassertoren an der Rhône.
Umgebung: An der Route de Bellegarde (4 km südwestl.) liegt Le Mas de Tourelles, Rekonstruktion einer gallo-römischen Weinkellerei (Ostern–Allerheiligen 14–19 Uhr, sonst nur sa bis 18 Uhr). An der Route de Fourques (6 km südl. an der D 15) Le Vieux Mas, ein provenzalisches Gehöft mit Aktivitäten wie um 1910 (tgl. 10–19/18 Uhr). Kunsthistorisch bedeutsam ist die Felsenkapelle der Abtei *St-Roman* (5.–12. Jh.), über einen Fußweg von der D 999, 5 km nordwestl. der Stadt (April–Sept. tgl. außer mo 10–19/18 Uhr, sonst nur sa/so).
Veranstaltungen: Les Aigles de Beaucaire: ›mittelalterliches‹ Musikspektakel mit Greifvögeln im Schloßhof Beaucaire (Ende März bis Allerheiligen tgl. nachm.); Estivales (Straßenfeste, Mittelalterumzüge, 2. H. Juli).
ⓘ Office de Tourisme, 24, Cours Gambetta, F-30301 Beaucaire, Tel. 04 66 59 26 57.

Pont du Gard ④

Der 360 m lange Aquädukt über den Fluß Gardon, im 1. Jh. n.Chr. begonnen, ist die wohl spektakulärste römische Wasserleitung. Sie versorgte Nîmes bis ins 6. Jh. mit Trinkwasser aus der Eure-Quelle bei Uzès. Aus Muschelkalk errichtet, tragen 6 Bögen der untersten Etage 11 Bögen einer mittleren, diese schließlich 35 kleinere Bögen, auf denen 50 m über dem Fluß eine abgedeckte Wasserrinne verläuft.
ⓘ Office de Tourisme, Place des Grands Jours, F-30210 Remoulins, Tel. 04 66 37 22 34.

Uzès ⑤

Ein mittelalterlich-kleinstädtischer Ort (7700 Einw.). Der Palast, Le Duché, ist ein Agglomerat von Bauten des 11.–16. Jh. (Le Duché, Öffnungszeiten tgl. 10–12.30, 14–18.30 Uhr). Guter Rundumblick von der Tour Bermonde (43 m) des Schlosses. Zahlreichen filigranen Öffnungen verdankt die Tour Fenestrelle (12. Jh.) den Namen.
Veranstaltungen: Straßenmusikfestival (Juli/Aug.); Knoblauchmarkt um den 20. Juni.
Umgebung: Über den Gardon (9 km südl.) führt die *Pont St-Nicolas* (13. Jh.). An der Route d'Alès (D 981, dann 3,5 km D 407) der Haras National (Gestüt Haras National, Öffnungszeiten März–Juni Mo–Sa 14–17). *St-Quentin la Poterie*, 4 km nördl., ist ein ›Töpferdorf‹ (u. a. Kunsthandwerk).
ⓘ Office de Tourisme, Place Albert Ier, F-30700 Uzès, Tel. 04 66 22 68 88, Internet: www.ville-uzes.fr

Gorges de l'Ardèche ⑥

Die D 290 begleitet als Panoramastraße die tief in ein Kalkplateau eingeschnittene Schlucht der Ardèche. Ausgangspunkt ist der Ort *Vallon-Pont-d'Arc*. Der vom Fluß durchbrochene Fels *Pont d'Arc* liegt 5 km flußab, es folgen mehrere Aussichtspunkte.
Aktivitäten: Kanu, Kajak, Schlauchboot; bei ›normalem‹, je nach Jahreszeit aber unterschiedlichem Wasserstand sind 6–9 Std. für eine Bootsfahrt einzukalkulieren (Starts nach 18 Uhr verboten). Auskünfte geben Bootsverleiher und Verkehrsämter. Empfehlenswert ist der ›Plan-Guide des Gorges de l'Ardèche‹ der Association Tourena.
Umgebung: 10 km westl. *Pont-St-Esprit* die (Kartause) *Chartreuse Valbonne* (1203 gegr.; Chartreuse de Valbonne, Öffnungszeiten: 10–12, 13–17.30, Juli–Aug. 10–19 Uhr, Internet: www.chartreusedevalbonne.com). Spannend ist die Tropfsteinhöhle *Aven d'Orgnac* (10 km südl. Vallon-Pont-d'Arc, Juli–Aug. tgl. Führungen) *St-Ambroix* (22 km südwestl. der Aven d'Orgnac) feiert jährl. (14. Juli) das Legendenfest.
ⓘ Office de Tourisme, 1 Avenue Kennedy, 30130 Pont-Saint-Esprit, Tel. 04 66 39 44 45, Internet: www.ot-pont-saint-esprit.fr

Maßstab 1:300.000 (0 – 2,5 – 5 – 7,5 – 10 – 12,5 – 15 km)

Tief im Tal des Tarn verläuft über fast 100 Kilometer die Route des Gorges. Man muß schon einen Umweg machen, um den Point Sublime zu erreichen, der diesen Blick von oben gewährt.

Die Cevennen, der Tarn und die Stille

Jahrmillionen haben an den Cevennen, den Südausläufern des zentralen Urgebirges, widersprüchliche Spuren hinterlassen. Rund wie der Mont Lozère mit seinen 1699 Metern sind die höchsten Gipfel des Massivs, flach die Kalkplateaus der Grandes Causses. Schroff schließlich schneiden die Gorges tief in diese Landschaft. Im Untergrund liegt eine weitverzweigte Welt der Grotten und Höhlen.

△ Mit den Schafen auf dem Weg zum Mont Lozère

Keramik aus Anduze ist gefragt ▽

Das Cevennenstädtchen Le Vigan mit Vieux Pont und Volkskundemuseum ▽

△ Seidenraupen-Kokons in St-Hippolyte-du-Fort

Zentral: der Pagodenbrunnen im Keramikort Anduze ▽

Den Haut Languedoc bilden Cevennen und Causses als ungleiches, aber untrennbares Gebirgszwillingspaar. Nur allmählich, in flachen Wellen, von einzelnen Felsspitzen durchsetzt, steigt das Land von den Wein- und Obstfeldern des Küstenstreifens an – durch einen Gürtel der Garrigue, in dem auf karstig-trockenem, sich bei Sonneneinwirkung stark erhitzendem Kalkboden zwergwüchsige, immergrüne Kermeseichen (okzitanisch: Garric) die kärgliche Buschvegetation dominieren.

Im späten Frühjahr, wenn noch nicht die letzte Feuchtigkeit versickert ist, kann diese bald nur noch grau-grüne Zone zum leuchtend roten Band werden – wenn millionenfach der Mohn blüht. Dann finden hier auch die stämmigen Schafe Kräuter genug. Aber spätestens Anfang Juni werden sie zu saftigeren Weiden emporgetrieben, zu den Hängen des Mont Aigoual oder zum Mont Lozère, wo dann gerade erst Himmelsschlüssel und Doldennarzissen blühen. Oder zu den tausend Meter hohen Kalkplateaus der Causses.

Blökend den Berg hinauf

Wer zu dieser Zeit von Nîmes oder Montpellier auf das immer noch wenig bekannte Mittelgebirge zufährt, etwa über Lasalle, St-Jean-du-Gard oder das alte Bergbauzentrum Alès, kann so einer ›Transhumanz‹ begegnen, wenn sie irgendwo den Asphalt quert: eine blökende, bimmelnde Herde mit bunten Pompons, in der Wolle gefärbt, verschiedenartige Stempel auf den Hinterteilen. Mehrere Hirten tun sich zusammen, um jeweils einige hundert Schafe nach altem Brauch geschmückt und mit feingeschnitzten Glockenhalsbändern drei, vier Tage lang hinauf zu den Almen zu führen. Meist auf eigenen, oft uralten Schneisen, den Drailles, deren älteste zum Mont Lozère gar aus Cäsars Zeiten rühren soll.

Bei den Hirten am Mont Lozère

Der automobile Tourist begibt sich auf eine Reise in die Vergangenheit: Zwei Stunden vom Meer mit seinen Bettenburgen entfernt, ist er in der Einsamkeit, kann er wählen zwischen mehreren Corniches,

△ Felsspitze im Lozère-Massiv beim Bergdorf Vialas

△ Auch Kühe weiden am Mont Lozère

Nie ermüdend: Wasserfall bei Vialas ▽

△ Ein typischer Hof der Causses nahe Hyelzas

Das Sonnenblumenfeld bei Le Vigan wird Speiseöl liefern ▽

Panoramarouten, welche kurvenreich der Topografie der südlichen Cevennen folgen. Über sich verengenden Flußtälern, manchmal schon über Wolkenschichten, schmiegen sie sich an die in alle Winde auseinanderlaufenden schmalen Bergrücken aus Schiefer und Granit.
Eher abgerundet, sich kaum über andere Höhen erhebend, ist der Mont Lozère, um den herum die Schafe ihren Sommer verbringen. Wenige Hirten nur wachen über sie, oft sind es Pensionäre, die noch einmal Freiheit und Natur genießen und in verwaisten Einödhöfen Quartier nehmen. Deren fast fugenlos und ohne Mörtel aus behauenen Blöcken hochgezogenen Mauern und die mit schweren Platten beinahe ornamental gedeckten Dächer haben über Jahrhunderte den Winterstürmen getrotzt. Von ihren unbekannten ländlichen Baumeistern wurden sie mit viel Wissen um die Elemente errichtet, vor allem aber mit einem ausgeprägten Sinn für Ausgewogenheit und Schönheit.

Im Nationalpark der Cevennen

Wölfe gab es hier oben lange – und sicher noch, als Robert Louis Stevenson, Autor der ›Schatzinsel‹, als Vorreiter eines ›sanften Tourismus‹ 1878 mit dem Esel durch die Cevennen zog. Heute leben hier außer einer reichen Pflanzenwelt, außer Rehen, Hirschen, Bibern vor allem majestätische Greifvögel, selbst Geier kreisen wieder.
Ein Nationalpark schützt das Naturerbe. Es ist der größte Frankreichs und der einzige, in dessen Herzen nach Jahrzehnten der Landflucht noch ein paar hundert Menschen mit den Kräften der Natur ringen und sich in Monaten der Einsamkeit bei hartem Broterwerb an den Boden klammern. Für diese Cévenols ist der Tourismus der einzig sichere Verdienst: Ohne den Verkauf von Käse, Honig, Eßkastanien, von Wollsachen und Ledertaschen könnten sie sich kaum behaupten.

Immer am Tarn entlang

Die kleine Stadt Florac, bei der sich die verschiedenen Corniches vereinigen und wo der am Mont Lozère entspringende Tarn sich mit den hier einfließenden Wildwassern

△ Fast mit der Steilwand verwachsen ist La Malène

Einsam in den Causses: das Dorf Peyreleau mit Festungsturm ▽

Im Pas de Soucy verschwindet der Tarn unter Felsen ▽

△ Das Städtchen Meyrueis mit seinem Uhrturm

Hoch über dem Tarn liegt die Ruine Castelbouc ▽

sozusagen erst Muskeln holt, liegt zwischen den eng verwachsenen ›Zwillingen‹ Cevennen und Grands Causses. Während die Wildbäche, darunter mehrere mit dem Namen Gardon, unterhalb der Panoramastraßen südostwärts auf den Pont-du-Gard und das nach ihnen benannten Département zurauschen, hat sich der Tarn auf südwestlichem Schlingerkurs durch die Kalkplateaus gefressen. Seine Gorges, Schluchten, und diejenigen weiterer Nebenflüsse zerteilen die Kalktafel der Causses. Ganz unten ist eine Saat von Auen, Hainen, Obstgärten, Weinhängen und wunderschönen Ortschaften aufgegangen, die schon tief in Geschichte und Legenden wurzeln. Der Canyon selbst, seine sich immerzu wandelnde Struktur mit sanften Hängen, steilen Kliffs, erstarrten Steinlawinen und bröckelnden Felsentürmen, mit ausgewaschenen Grotten und seitlichen Wasserfällen, ist ein Stück anschauliche Erdhistorie. Jahreszeit, Wetter, Lust und Laune bestimmen, ob man die Gorges von der Talstraße, mit Booten vom Wasser her oder von den Höhenkanten erkundet, wo alte Burgen den Weg bewachten oder auch belauerten.

Die Kalktafeln der Causses

Auch die Hochflächen der Causses sind nicht ganz so gleichförmig, wie es zunächst den Anschein haben mag. Noch als Einzellandschaft ändern sie ihr Gesicht. Das kann nahe den Flußorten ein Linienwerk von Mauern und dunklen Hecken auf hellem Grund sein, dann wieder ist es gefleckt von kriechendem Wacholder.

Nach den Frühjahrsregen erscheint wie von Zauberhand ausgebreitet ein grüner Weideteppich, doch hier und da zeigt eine Aussparung, daß die Halme und Kräuter nur in einer äußerst dünnen Kruste von roter Erde fußen. Die Kalkoberfläche wandelt sich unter dem Einfluß von Sonne, säurehaltigem Regen, verrottender Vegetation und Schafsdünger unendlich langsam zu dieser Wachstumsschicht. Wo sie sich in Dellen etwas dicker lagert, hält sich das Grün auch im Sommer.

Generationen von Schäfern haben solche Vertiefungen auch mit Lehm oder Pflastersteinen undurchlässig

△ Wasserfall Abîme de Bramabiau

Blick auf Millau von der Causse Noire ▽

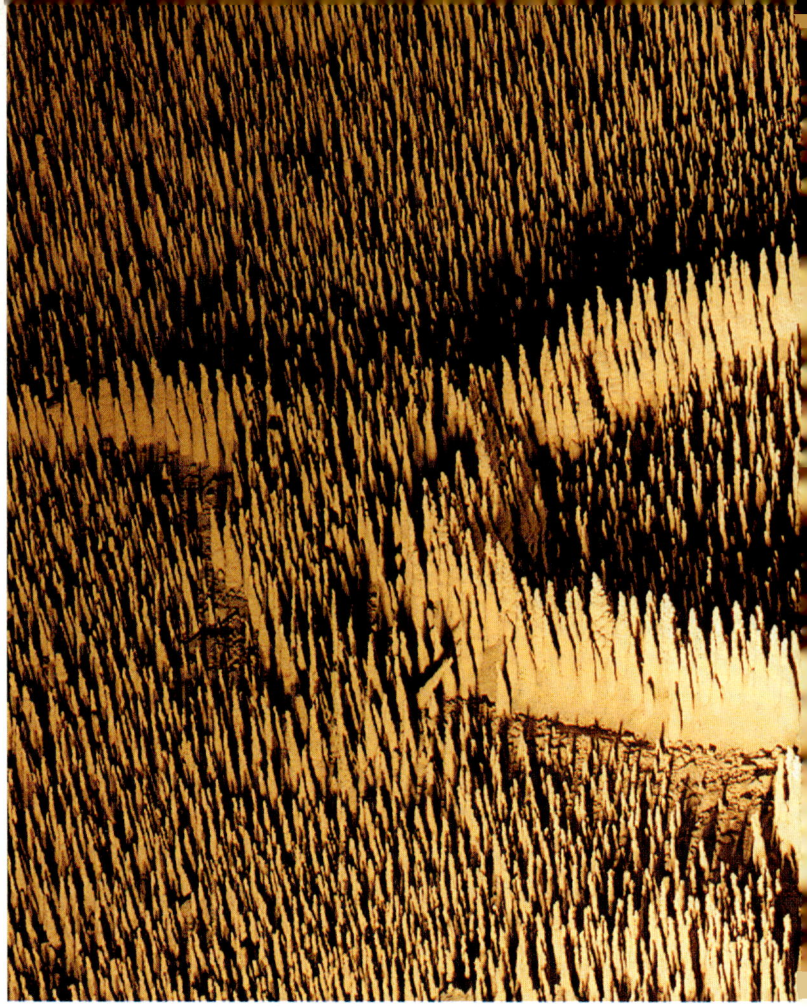

An eine Ruinenstadt erinnert das Felsenchaos von Montpellier-le-Vieux ▽

Kurz vor Florac: Roß und Reiter sind müde nach dem 160-Kilometer-Rennen ▽

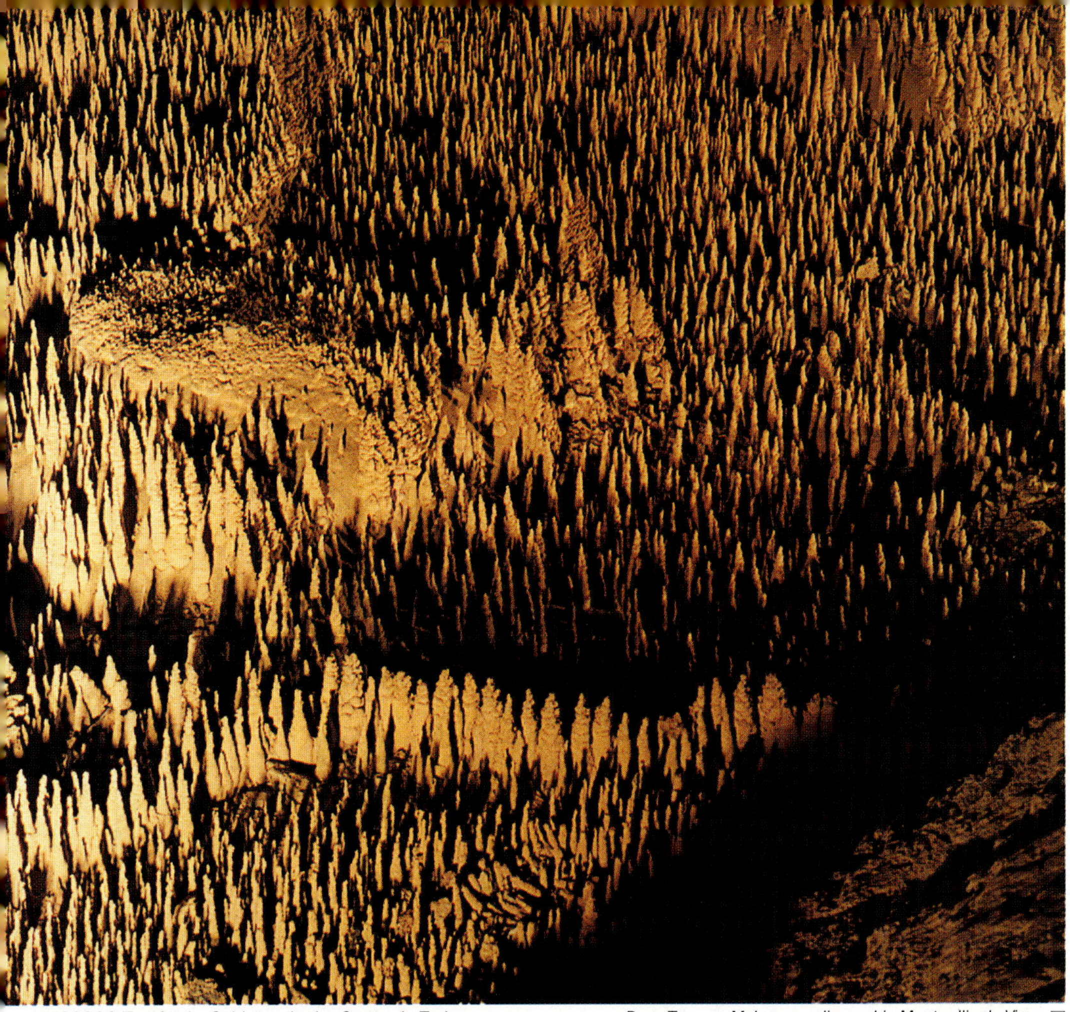

△ 100000 Tropfstein-›Soldaten‹ in der Grotte de Trabuc

Das ›Tor von Mykenae‹, diesmal in Montpellier-le-Vieux ▽

und zu Tränken, den Lavognes, für die Zeit flimmernder Hitze gemacht. Von der Humus- und Verwitterungsschicht hängt es auch ab, ob Ginster, Lavendel, Disteln und andere Stachelgewächse gedeihen. Und wo sich Wurzeln in tiefergehende Risse zwängen können, verankern sich auch Wildkirschen und Buchsbaum, recken sich Eichen und Wacholder. Dort wo der Karst nicht jeden Regen aufsaugt wie ein Schwamm, sind Eichen und Pinien in hell-dunklen Streifen aufgeforstet worden.

Stille in Ober- und Unterwelt

Gemeinsames Merkmal aller Karstplateaus ist die unglaubliche Stille. Was an Lärm von der Zivilisation herrührt, schlucken die Schluchten. Bis ein Wagen über eine der wenigen Straßen rollt, kann eine Stunde vergehen. Und doch gibt es noch eine stillere, unterirdische Welt. Löcher, Spalten, Grotten, Labyrinthe von Tropfsteinhöhlen: Das gesamte Kalkplateau ist durchzogen von Gängen und Wasserläufen, die sich dann irgendwo in einen der Canyons ergießen, am pathetischsten im Abîme de Bramabiau am Mont Aigoual. Sein Grund ist durchlöchert wie ein Emmentaler. Kuhmilchkäse ist bei solch dünnem Weidegrund eher eine Seltenheit. Dieser nennt sich Bleu des Causses und hat viel gemeinsam mit dem berühmtesten Schafmilchkäse der Welt, dem Roquefort: Beide gewinnen ihren kräftigen Geschmack durch Schimmelpilze, die nur in den Karsthöhlen gedeihen.

Käsedelikatessen aus der Höhle

Roquefort-sur-Soulzon liegt am Westrand des Causse du Larzac am Fuß des Tafelberges Combalou. Irgendwann ist ein Stück davon auf seinem Lehmgrund ausgerutscht und zerbrochen. Die Häuser des Ortes gründen auf diesem uralten Felsenbruch. Doch tief unter ihnen hat das Gewirr der riesigen Felsen Spalten und Höhlen freigelassen, in denen sich der dort heimische Edelschimmel Penicillium roquefort über einfache, anfangs fade Laibe von Schafmilchkäse hermacht und ihnen im Lauf von gut drei Monaten eine blau-grüne Marmorierung sowie Nobelwürze verleiht. Für die Römer war das noch ein Zufallsprodukt.

△ Einst ein Ort des Johanniterordens: La Couvertoirade

△ Kunst- und liebevoll restauriert: altes Haus in La Couvertoirade

△ Jeder Spieler hat drei ›Boules‹, die er am Streifenmuster erkennt

Beim Hugenottenjahrestreffen in Le Mas Soubeyran ▽

△ Wer gewinnt den Lorbeer? Boule-Weltmeisterschaft in Millau

Der Hufschmied ist noch gefragt auf den Causses ▽

Karl der Große, dem dieses Wunder offenbart wurde, als er im Languedoc eine Pufferzone vor Spanien schuf, ließ sich die Delikatesse sogar in seiner Aachener Pfalz servieren. Gleichmäßige Qualität gibt es aber erst, seit in den ausgebauten Grotten Lüftung, Feuchtigkeit und Temperatur minutiös geregelt sind. Um jedoch die rund 20 000 Tonnen jährlich zu produzieren, reicht die Milch der auf den umliegenden Causses weidenden Schafe nicht aus; sogar auf Korsika werden schon seit Jahren Herden mit ähnlicher Ernährungsgrundlage ›angezapft‹. Doch nun, da die Städte keine sicheren Arbeitsplätze mehr bieten, steigt auch die Zahl der Hirten vor Ort erneut an.

Templer und Hugenotten

Die Causses halten noch weitere Überraschungen bereit, etwa jene ruinenartige Felsverwitterungen, die zumal im Nebel oder bei Dämmerung an verlassene Orte glauben machen. Nîmes-le-Vieux, Alt-Nîmes, heißt ein solch gespenstisches Felsenchaos auf dem Causse Méjean, Montpellier-le-Vieux ein anderes auf dem Causse Noir.

Eine wahre Geisterstadt ist im Causse du Larzac lange Zeit die mittelalterliche Templer-Gründung La Couvertoirade gewesen. König Philipp IV., ›der Schöne‹, ließ die christlichen Tugenden nacheifernde, dabei sehr begüterte Gemeinschaft jedoch im Jahre 1312 gewaltsam auflösen und gab ihren Besitz dem Johanniterorden. Dessen Ritter ließen das heutige Festungsvieleck errichten, in dem sich nun viele Künstler und Handwerker eingenistet haben.

Ob Templer, Handelsbürger oder einfache Protestanten, die durch den Prunk des Klerus das Evangelium verzerrt sahen: Alle stellten den Absolutheitsanspruch der katholischen Majestäten in Frage. Als Ludwig XIV. 1685 das Edikt von Nantes aufhob, das seit 1598 Glaubensfreiheit garantiert hatte, verließ eine halbe Million Hugenotten das Land. Ihre letzten Glaubensbrüder im Haut Languedoc, die sich in Pont-de-Montvert und Anduze sicher gefühlt hatten, gingen ›in die Wüste‹, verteidigten sich als Camisards mit Forken und Sensen, ehe sie einer zehnfachen Übermacht der Königstruppen unterlagen.

30
58
70
Mont Lozère
Parc National des Cévennes
Montagne du Bougès
Causse de Sauveterre
Causse Méjean
Causse Noir
Mont Aigoual
Montagne du Lingas
Causse du Larzac
Causse de Sévérac
Camp du Larzac
Plateau de Guilhaumard
Montagne de la Séranne
Montagne de la Fage
LA GRAND-COMBE
ALÈS
ANDUZE
ST-JEAN-DU-GARD
LASALLE
ST-HIPPOLYTE-DU-FORT
SAUVE
QUISSAC
GANGES
SUMÈNE
LE VIGAN
VALLERAUGUE
ALZON
MEYRUEIS
FLORAC
GÉNOLHAC
BESSÈGES
STE-ENIMIE
LE MASSEGROS
PEYRELEAU
MILLAU
NANT
LE CAYLAR
LA COUVERTOIRADE
SÉVÉRAC-le-Château
CAMPAGNAC
Roquefort-sur-Soulzon
St-Georges-de-Luzençon
Aven Armand
Chaos de Montpellier-le-Vieux
Gorges du Tarn
Gorges de la Jonte
Gorges de la Dourbie
Cirque de Navacelles
Col de Finiels
Col de Jalcreste
Col de Montmirat
Col de Perjuret
Col de Faubel
Col du Minier
Col de la Serreyrède
Col du Rey
Pic Cassini
Sommet de Finiels

Wo gibt es was?

Fähnchen-/Nadelnummer = Textnummer ℹ = Auskunft

Alès ①

Die Stadt (41000 Einw.) am Gardon ist Haupteinfallstor zu den Panoramastraßen der Cevennen sowie Ausgangspunkt des Trekkingpfads GR 44 mit Verzweigungen um Mont Lozère und Mont Aigoual.
Geschichte: Der Ort, Mitte des 16. Jh. mit Anduze ein Hort des Protestantismus in den Cevennen, hat wohl keltische Wurzeln. Die seit dem 12. Jh. gewachsene Tuch- und Seidenindustrie wich im 19. Jh. dem Abbau von Kohle, Eisen, Blei, Zink und Asphalt (Sitz der Nationalen Bergbauschule). Heute überwiegen metallurgische, chemische und technologische Spezialbetriebe.
Sehenswert sind das den Ort überragende Fort Vauban und die dahinter liegenden Flanierpromenaden. Die Mine-témoin ist ein Museums-Kohlebergwerk (Juni–Aug. 9.30 bis 19 Uhr, sonst 9–12.30, 14–17.30 Uhr). Eine der reichsten Mineralien-Sammlungen Frankreichs im Musée minéralogique de l'École des Mines (15. Juni–15. Sept. tgl. 14–18 Uhr). Gemäldesammlung im Château du Colombier (tgl. außer di 10–12, 14–17 Uhr, Führungen nur übers Verkehrsamt).
Umgebung: Château de Rousson (8 km nordöstl.) zeigt Möbel im Stil Ludwigs XIII. und XIV. In *La Grand-Combe* (10 km nordwestl.) die zum Musée du Mineur umgestaltete Waschkaue der Bergleute. Der Parc ornithologique des Isles, D 904/D 132, hält Vogelarten aus aller Weit. Château de Portes (22 km nördl.) war eine Paßfestung am Pilgerweg nach St-Gilles.
In *Génolhac* (35 km nördl.) befindet sich das Centre d'Information sur le Parc National des Cévennes, Maison de l'Arceau.
ℹ Office de Tourisme, Place Gabriel Péri, F-30100 Alès, Tel. 04 66 52 32 15.

Anduze ②

Malerischer Ort an einer – Porte des Cévennes genannten – Schlucht eines Gardon Zulaufs. Berühmt für seine ornamentalen Keramik-Vasen, die schon den Königshof von Versailles schmückten.
Sehenswert: Die verwinkelte Altstadt mit zahlreichen Töpferwerkstätten und dem Pagoden-Brunnen, den eine Haube bunter, 1649 von Keramikern des Ortes gefertigter Ziegeln deckt. Im Parc des Cordeliers gedeihen exotische Gewächse. Das Musée de la Musique, Route D'Alès, zeigt 1000 Instrumente aus der ganzen Welt.
Tip: Großes Angebot alter und neuer Töpferwaren in *La Madeleine* (4 km südl. an D 907).
Umgebung: Bei *Générargues* (4 km nördl.) die Bambouseraie de Prafrance, ein Park mit bis 30 m hohem Bambusdschungel, laotischem Dorf, Restaurant und Verkauf von Bambus-Kunsthandwerk (tgl. ab 9.30 Uhr außer mo/di Nov./Dez.). In *Le Mas Soubeyran* (6 km nördl.) erzählt das Musée du Désert von der Verfolgung der Protestanten im 17. Jh.; Anfang Sept. treffen sich dort bis zu 20000 Gläubige. Ganz nahe liegt die *Grotte de Trabuc* mit ›100 000 Soldaten‹ aus Tropfstein und Höhlenseen (tgl. 15. Juni–10. Sept. 9.30–18.30 Uhr, sonst mit Mittagspause oder nur so nachm.).
In *St-Jean-du-Gard* (15 km nordwestl.) das Musée des Vallées Cévenoles (Brauchtum, Schaf-, Seidenraupenzucht, Honiggewinnung, Eßkastanienkultur). Seide wird zu Schauzwecken verarbeitet in *St-Hyppolyte-du-Fort* (20 km südwestl.; Vorführung im Pavillon Musée, Verkauf in der Maison de la Soie). Eine Dampfeisenbahn (›Train Vapeur des Cévennes‹) verkehrt zwischen St-Jean und Anduze mit Halt in Prafrance.
ℹ Office de Tourisme, Plan de Brie, F-30140 Anduze, Tel. 04 66 61 98 17.

Cevennen/Causses ③–⑪

Mehrere landschaftlich reizvolle Corniches führen ins Herz der **Cevennen:** die D 9 von St-Jean-du-Gard nach **Florac** ③, dem ›Tor‹ zu den Causses (160-km-Pferderennen, Sept.); die recht befahrene N 106 von Alès ab Col de Jalcreste; die D 906 von La Grand-Combe, welche in die naturschöne D 998 übergeht, mit Abzweigung der D 20 bei Le Pont-de-Montvert zum *Mont Lozère* (1699 m; Cevennen-Blick). 45 km südl. Florac der *Mont Aigoual* (1567 m) mit meteorologischem Observatorium und Ausstellung; Panoramablick auf die westl. gelagerten Causses, bei sehr guter Sicht auch bis zum Mittelmeer, zu Alpen und Pyrenäen. 30 km südl. das ländliche *Le Vigan.*
Sehenswert in **Le Pont-de-Montvert** ④ ist das Ökomuseum in der Maison de Mont Lozère. Am Glockenturm beginnt der 6 km lange Naturlehrpfad Sentier de l'Hermet. Typische Cevennendörfer sind *Vialas* (15 km östl.) und das vom Nationalpark restaurierte *Mas Camargues* (12 km östl.).
Die **Gorges du Tarn**, eine der schönsten Naturlandschaften Frankreichs, sind das ›Bindeglied‹ zwischen den Cevennen und den Hochebenen der Causses. Eine Corniche (D 907) folgt der Schluchtenwelt des Tarn über 50 km ab Ispagnac, die auf dieser Strecke von etwa 40 Quellen und Wasserfällen gespeist wird.
Sehenswert sind **Ispagnac** ⑤ mit Bergen, Obstgärten und Erdbeerplantagen sowie in *Quézac* eine von Papst Urban V. in Auftrag gegebene gotische Brücke. Flußabwärts liegen die Schlösser (16. Jh.) von Roche blave und Charbonnières sowie die Ruinen von *Castelbouc* und das zum Schutz des heute noch mittelalterlich wirkenden **Ste-Énimie** ⑥ (475 Einw.) errichtete Château de Prades (13.Jh.). ›Naturwunder‹ sind die beim hübschen Ort **La Malène** ⑦ gelegenen Point Sublime, Cirque St-Chély, der Engpaß Les Détroits u. Cirque des Baumes. Bei *Le Rozier* (20 km südl.) vereinigt sich der Tarn mit den Gorges de la Jonte. Das befestigte Dorf *Peyreleau* bildet den südlichsten Punkt der Gorges du Tarn.
Aktivitäten: Die schönste Art, die Gorges du Tarn zu erkunden, ist der Wasserweg. Vor allem in Ispagnac werden Kajaks und Kanus oder Schlauchboote (Rafting) vermietet. Wesentlich entspannter verläuft die Fahrt mit einer vom flußkundigen Batelier gelenkten Barke ab Malène bis zum Cirque des Baumes.
Ein Wanderweg, gelb und grün markiert, verläuft in der Schlucht. Tagesausflüge auf Rundkursen gibt es zwischen *Montbrun* und Malène. Der Trekkingpfad GR 6A folgt dem Westteil der Gorges auf den Höhen. Mountainbikes-Verleih in mehreren Orten; Reitausflüge, alpines Klettern, Paragliding.
Veranstaltungen: Vom Pont de Quézac bis Le Rozier sind die Orte Juli–Aug. allabendlich angestrahlt. Mitte Juli–Mitte Aug. findet im westl. Rivière-sur-Tarn das International Festival der Gorges du Tarn statt.
Tip: Souvenirs mit Lokalkolorit sind die aus einem Ast gefertigten Pusterohre zum Anfachen des Kaminfeuers sowie Ledergürtel. Bouleweltmeisterschaft in *Millau* (Aug.) Die sich von Westen in die Gorges du Tarn hineinschiebenden **Causses** sind weite Karst-Plateaulandschaften, deren rissiger Kalkuntergrund die Wassermengen der sich an den Cevennen abregnenden Atlantikwolken schluckt und durch unterirdische Gänge an die Flußläufe abgibt.
Die Gorges du Tarn trennen den Causse de Sauveterre vom Causse Méjean, dieser die Gorges de la Jonte vom Causse Noir, jenen wiederum die Gorges de la Dourbie vom Causse du Larzac. Quer über den Causse Méjean führt der Fernwanderweg GR 60. Nördl. der Gorges de la Jonte die kathedralengroße Tropfsteinhöhle des **Aven Armand** ⑧ mit einem ›Urwald‹ von Stalagmiten, einzelne bis zu 30 m hoch. Öffnungszeiten: tägl. 10-12 und 13.30–18 Uhr, Juni–Aug. 9.30–19 Uhr.
Noch größer (1600 m lang) die 8 km westl. Meyrueis gelegene **Grotte de Dargilan** ⑨ (Führungen tgl. 9–19 Uhr).
Typische Causses-Höfe sind Hyelsas beim Aven Armand und La Maison Aragonaise in Le Recoux nordwestl. Le Massegros auf dem Causse de Sauveterre. Unter dem Ort **Roquefort-sur-Soulzon** ⑩ (20 km südwestl. der Lederwarenstadt Millau) reift in kühlen Höhlenkellern vor dem Kalkplateau Combalou der weltberühmte Edelschimmelkäse Roquefort (Juli–Aug. 9.30–18.30 Uhr). Auf den Combalou führt der 5 km lange, aussichtsreiche Pfad des Sentier des Échelles. Inmitten des Causse de Larzac das alte Templer-Wehrdorf **La Couvertoirade** ⑪.
Wintersport: Skilanglauf bei Le Bleymard und Le Mas de la Barque im Mont-Lozère Massiv; bei Prat Peyrat am Mont Aigoual.
ℹ Cevennen: Office de Tourisme, F-48220 Le Pont-de-Montvert, Tel. 04 66 45 81 94; Gorges du Tarn: O. T. S. I. des Gorges du Tarn, F-48210 La Malène, Tel. 04 66 48 50 77; Causses: O. T. S. I., F-48150 Meyrueis, Tel. 04 66 45 60 33.

Maßstab 1:300.000 — 0 · 2,5 · 5 · 7,5 · 10 · 12,5 · 15km

Mit postmodernen Bauten öffnet Montpellier sich zum Fluß Lez hin. Am anderen Ufer, wie ein Triumphbogen, ein Verwaltungspalast.

Montpellier und die Welt von morgen

Es braucht schon Wagemut für den Brückenschlag von der noch allgegenwärtigen Antike zum Heute oder gar zum Morgen. Und nicht überall ist er geglückt. Doch auch im Kontrast von Fischerdorf und Bettenburg oder Stadtpalais und postmodernem Wohnblock kann Ästhetik, sogar Schönheit liegen. Dafür finden sich einige Beispiele am Küstenabschnitt zwischen Aigues-Mortes und Sète, am markantesten wohl in Montpellier.

△ Montpellier hat viele Märkte, selbst vor dem Stadttheater baut man hin und wieder Stände auf

›Balkonträger‹ an einem Stadtpalais ▽

△ Käsespezialitäten in der Markthalle Jean-Jaurès

Der Arc de Triomphe feiert das Regime Ludwigs XIV. ▽

△ Studentenplausch vor dem Drei-Grazien-Brunnen

Le Triangle, das Scharnier zur Place de la Comédie ▽

Als der Cineast François Truffaut 1975 ein Stadtbild suchte für seinen Film ›Der Mann, der die Frauen liebte‹, wählte er Montpellier, die 1000jährige Hauptstadt des Languedoc-Roussillon. Denn hier – so heißt es – gebe es die schönsten Frauen Frankreichs.
Montpellier blickt januskäpfig auf die Berge und zugleich aufs Meer. Auch die Stadt selbst hat zwei Gesichter, und ihre Trennlinie verläuft längs der Place de la Comédie. Obwohl in etwa rechteckig, wird dieses Stadt- und Bummelzentrum im Volksmund ›l'œuf‹ genannt: das Ei. Weil rings um den Grazienbrunnen das Pflaster ein Oval zeichnet.

Montpellier führt in die Irre

Um noch einen Gegensatz zu nennen, den die Montpellériens aber gar nicht so empfinden: Diese Stadt, die immer wieder ›Ketzern‹ ein Refugium war, stellte sich selbst unter den Schutz der Muttergottes. Und schließlich: Auch die Wegweiser, eigentlich dazu gedacht, Ortsfremde in diese schöne Stadt zu geleiten, können in die Irre führen. Die immer wieder auftauchenden Namen ›Antigone‹, ›Polygone‹ und ›Corum‹ führen nicht zu antiken Stätten, sondern im Gegenteil zu den jüngsten Bauten. Wer Pech hat, saust im Tunnel unter der Place de la Comédie hindurch von einem Umgehungsboulevard zum anderen.
Also: Antigone ist die auf jedem Stadtplan besonders hervorgehobene, fast symmetrische Architekturvision, die der Katalane Ricardo Bofill als Verlängerung der alten Stadtviertel umsetzen ließ. Sie öffnet sich zum Fluß Lez hin, der Montpellier wieder zur Hafenstadt machen soll. Das war sie schon im Mittelalter, als Gewürze, Tinkturen und Pflanzen aus dem Orient angelandet wurden, deren heilende Wirkung von Gelehrten nach den Schriften des Hippokrates studiert wurden. So entstand hier eine medizinische ›Schule‹, aus der im 13. Jahrhundert eine der ersten Universitäten Europas hervorging. Die medizinische Fakultät und der Botanische Garten bilden auch heute noch ein Paar im alten Montpellier. Und fast jeder vierte Einwohner der Stadt ist Student.

△ Blick in die Altstadt Montpelliers: Rue du Bras-de-Fer

Ein ›Tempel‹ kaschiert das Wasserreservoir ▽

Die Kunst kann noch warten: Straßencafé an der Kirche St-Roch ▽

△ Hügelan geht's auf der Rue Ste-Croix

Volkstanz zur Freude vieler Touristen ▽

Denkmal für einen Ungeliebten

Die jugendliche ›joie de vivre‹, die Lebensfreude des Midi, pulsiert vor allem auf der Place de la Comédie. Da sitzt man auf den weit aufs Pflaster gerückten Stühlen der Cafés, bummelt um die Grazien vor dem pompösen Stadttheater und durch die Gassen zu weiteren Haltepunkten, Plätzen und Treppenfluchten, aus denen der Verkehr, so gut es geht, verbannt ist. Irgendwo lädt immer eine Bank, ein Café zum Verweilen, irgendwo ist immer Markt am Vormittag.

Die schönen Innenhöfe der ›Hôtels‹ aus großen Tagen sind da schon schwerer zu finden, dafür nimmt man besser den ›Plan Historique‹ der Stadt zur Hand oder vertraut einem kundigen Begleiter. Der führt seinen Gast möglicherweise quer durch die Vieux Quartiers, bestimmt aber durch den Triumphbogen zur Promenade du Peyrou.

Dort endet, dem Pont-du-Gard nachempfunden, der Aquädukt St-Clément in einem Verteiler, den ein Tempelnachbau krönt. Diese Anlage – auch Place Royale genannt – sollte Ludwig XIV. ehren, obwohl gerade der absolut herrschende ›Sonnenkönig‹ die religiöse und damit auch die Handelsfreiheit der Stadt bedrohte. Eine Reiterstatue des Monarchen wurde in Paris gegossen und auch am Zielort aufgestellt – bis die antiroyalistische Revolution von 1789 den Koloß hinwegfegte. Seit der Regentschaft des ›Bürgerkönigs‹ Ludwig Philipp steht zumindest eine Kopie wieder am alten Platz.

Bofills Vision in Beton: Antigone

Vielleicht gelangt man bei seinem Bummel auch auf die Platanen-Esplanade der Comédie gegenüber, welche sich, Cafés und Musikpavillons aneinanderreihend, bis zum Kongreß- und Kulturzentrum ›Corum‹ hinzieht. Oder man findet über die Betonplatte des ›Triángle‹-Platzes zur Geschäftspassage des ›Polygone‹. Diese ist zugleich die einzige direkte Fußgängerverbindung zur Monumentalanlage ›Antigone‹.

Ein Stück Postmoderne: Neoklassik mit angedeuteten Pfeilern und Kapitellen, Fenstergiebeln, Friesen, vorgezogenen Dachgesimsen. Pompöse Fassaden aus steinfarbenem Beton,

△ Die Feriensiedlung Port-Camargue mit ihrem Jachthafen

Immer ein gutes Geschäft: ›Mama, der Eismann …‹ ▽

Volleyball-Partie im Sand von Carnon-Plage ▽

Im Fin-de-siècle-Café in Le Grau-du-Roi ▽

△ Boote, Bummelkai und Bistros in Le Grau-du-Roi … … mit seinem kleinen Leuchtturm am Hafenkanal ▽

hinter denen nicht nur Behörden arbeiten, sondern in Sozialwohnungen auch einfache Bürger leben. Theatralisch das Ganze – und obwohl hier sogar ein sonntäglicher Bauernmarkt inszeniert wird, bleibt die Bühne meist leer.

Das siebenfach größere Bofill-Projekt eines ›Port Marianne‹, einer vitalen Marina, die Brücken zu den Stränden schlagen soll, harrt noch der Vollendung. Auf halbem Weg lag der antike Hafen Lattara. Genaugenommen waren es zwölf Hafenorte, die hier, zwischen dem 6. Jahrhundert v. Chr. und dem 3. nachchristlichen Jahrhundert einer nach dem anderen in den Marschen versinkend, übereinander entstanden.

Wo Monsieur Hulot baden geht

Das kleine Palavas-les-Flots existiert seit über hundertzwanzig Jahren. Einst fuhren die Städter mit einer Kleinbahn dorthin zum Baden. Um den immer noch pittoresken Fischerhafen an der Lez-Mündung entstand auf einer schmalen Nehrung das erste Badezentrum an der Küste des Languedoc – und bald wurde Palavas zum abwertenden Synonym für die simplen, preiswerten Urlaubsfreuden eines Monsieur Hulot, also für Hinz und Kunz. Gewiß, hier erinnern die Erholungsheime am Meer an die verblichene DDR. Aber der Kanal, die Cafés und Bistros an den Sportbootkais haben jenen animierenden Charme, den die nahen Großanlagen Port-Camargue und La Grande-Motte nie erzeugen konnten. Deren Fassaden sind zwar abwechslungsreicher, die Appartements sicher wohnlicher, die Wasserflächen von den natürlichen Lagunen inspiriert, alles zusammen aber wirkt zu gewollt und letzten Endes – trotz aller geometrischen Variationen – monoton. Auch altert der moderne Putz im Seewind sehr viel schneller und häßlicher als der weit länger dem Wetter ausgesetzte Ockerbewurf der Fischerhäuser.

Wäre nicht zwischen beiden Bettenburgen der schmale Hafen von Le Grau-du-Roi mit seinem alten Leuchtturm, den Kuttern und Schnörkelhäusern, mit dem nostalgischen Café – die beiden künstlichen Orte, mit Wohnpyramiden für bis zu 80 000 Gäste der eine, um eine Insel mit 4300

△ Schon vorsortiert zur Versteigerung werden Seezungen an der ›Criée‹ von Sète ausgeladen

›Möchten Sie nicht den Muscat de Frontignan kosten?‹ ▽

Flanierstrecke: Boot reiht sich an Boot am Hafenkanal von Sète ▽

△ Der Étang d'Ingril, eine flache Lagune zwischen Dünen und den Muskateller-Weinfeldern von Frontignan

△ Flamingos bei der Futtersuche

Die Ambrussum-Brücke war Teil der römischen Via Domitia ▽

Bootsplätzen geordnet der andere, blieben noch im quirligsten Ferienrummel fad.

Hemingway hatte die Ursprünglichkeit von Le Grau schon in den 1920er Jahren entdeckt. Ob er wohl Tellines zum weißen Sandwein aß, winzige, orangefarbene Muscheltiere voller Mittelmeeraroma? Kulinarische Entdeckungen wie diese versöhnen mit manchem Ausrutscher des Zeitgeists. Le Grau, das ist der Kanal, der das in den ›toten Wassern‹ der kleinen Camargue gründende Aigues Mortes erst zum königlichen Kreuzfahrerhafen machte. Drei Mauerseiten des Festungsvierecks sind zum Glück nicht bedrängt von späteren Bauten. Ein Ort im Schwemmland, vor dem die Phantasie in ferne Tage und mit einer Kreuzfahrerarmada bis nach Jerusalem und Tunis entschweben kann. Oder La Maguelone mit seiner Kathedrale, einst Bischofssitz und päpstliche Domäne, auf einer Insel gegründet und erst im 17. Jahrhundert durch einen Lido am Land festgemacht. Durch die rückwärtigen Étangs, den Lagunen zwischen Nehrung, Marschen und Weinfeldern, staksen die Flamingos, unberührt vom Lärm der Schnellstraßen.

Sète, ein industrielles ›Venedig‹

Auch Sète am Fuß des Mont St-Clair entstand auf einer Insel, als maritimer Vorposten der Handelsmetropole Montpellier. Eine Fahrrinne durch den Étang de Thau als Verbindung zum Canal du Midi, der Bau eines gewaltigen Wellenbrechers gegen die Versandung, eine von Wasserstraßen durchzogene Neustadt, der Frachtverkehr mit den afrikanischen Kolonien – so gewann die Stadt allmählich Gesicht und Gewicht.

Sie ist ein geschäftiges und in seinen Vororten industrielles ›Venedig‹, in der zur abendlichen Rush-hour Hektik ausbricht, wenn die Wagen dicht an dicht über die schmalen Kais und die Corniche auf den Lido zurollen, eine lange Strand- und Rennstrecke westwärts nach Agde und Béziers. Wenig später kommt jene Hafenatmosphäre auf, die andere Städte längst verloren haben. Behäbige Möwen und pfeilschnelle Seeschwalben mit hartem Schrei starten dann zum Staffelflug über dem Canal Royal.

△ Fischerstechen in Sète: Bei den ›joutes‹ muß immer einer in den nicht gerade sauberen Kanal fallen

Galerien in der Grotte des Demoiselles ▽

△ Beneidenswerter Badespaß bei Pont Vieux in den Gorges de la Vis

Naturkunst: Grand Arc bei St-Martin-de-Londres ▽

△ Der Cirque de Navacelles war einst Flußschleife

Ein Bild der Ruhe: Priorei St-Martin-de-Londres ▽

Zentren der Muschelzucht

Im Sommer sind die dunklen Wasser des Canal Szene für ein Traditionsspektakel, das bis auf die Anfänge dieser Stadt zurückgeht. Zwei schwere Barken, eine rote und eine blaue, von je neun Mann geschickt gerudert und gesteuert, treten zum Fischerstechen an. Ihr Heck verlängert eine schräg ansteigende Plattform, auf der je ein ›Jouteur‹ den ebenso spreizbeinig postierten Gegner mit einer langen Dreizacklanze ins Wasser zu stoßen versucht. Solche ›Joutes‹ gibt es nun auch in Palavas und in Le Grau-du-Roi.

Im Rücken von Sète dehnt sich das Bassin de Thau. Der Lido mit Strand, Straße und Salzgewinnungsbecken trennt die gewaltige Lagune vom Meer. Landein reihen sich am Ufer Fischerdörfer wie aus einer anderen Zeit. Hier wird mit den unterschiedlichsten Fangmethoden und Netzen und teils winzigen Booten Aalen, Flundern, Barschen und Goldbrassen nachgespürt, die den Étang zwischen Frühjahr und Herbst zum Laichen aufsuchen. Auch Muscheln und Seeschnecken aller Art werden vom Lagunengrund geholt. Vor allem aber werden hier Austern gezüchtet und Miesmuscheln, die unter dem Namen des Hafenortes Bouzigues in den Handel kommen. Große Flächen der Lagune sind wie eine abstrakte Graphik mit Gestellen gestrichelt, von denen Leinen ins Wasser hängen, an denen sich die Blaumuschellarven festsetzen und sich mit Plankton mästen – bis sie feist und à la marinière auf den Tisch kommen.

Im Tal des Hérault

Und der Gebirgsblick des doppelgesichtigen Montpellier? Er weist hinüber zu den hier besonders nah ans Meer reichenden Ausläufern des Cevennengebirges. Zu den Gorges de l'Hérault im gleichnamigen Tal, das der Fluß in den Kalkstein gewaschen hat, zu Felsbrücken und in wiederum auf andere Weise faszinierende Tropfsteinwelten. Zu den mittelalterlichen Abteien St-Martin-de-Londres und St-Guilhem-le-Désert inmitten ihrer malerischen Orte. Aus zwei Dörfern der Region, einst Besitz der Herren von Guilhem und des Bischofs von Maguelone, ist Montpellier hervorgegangen.

Golfe du Lion
MONTPELLIER
SÈTE
AGDE
LUNEL
AIGUES-MORTES
la Grande-Motte
Palavas-les-Flots
Carnon-Plage
MAUGUIO
Étang de Mauguio ou de l'Or
Étang de Pérols
Étang de l'Arnel
Étang de Vic
Étang d'Ingril
Bassin de Thau
Cathédrale de Maguelone (ruines)
Villeneuve-lès-Maguelonne
Mireval
Vic-la-Gardiole
Montagne de la Gardiole
FRONTIGNAN
Frontignan-Plage
Balaruc-les-Bains
Balaruc-le-Vieux
Anc. Abbaye St-Félix-de Monceau
Poussan
Gigean
MÈZE
Bouzigues
Loupian
Marseillan
Marseillan-Plage
Port Ambonne
Plage de la Corniche
Tanger
Mont St-Clair
Pomérols
Pinet
Florensac
MONTAGNAC
Abbaye de Valmagne
Villeveyrac
Montbazin
Cournonsec
Cournonterral
Fabrègues
Pignan
Saussan
Lattes
Pérols
Aéroport de Fréjorgues
Castelnau-le-Lez
le Crès
Vendargues
Baillargues
CASTRIES
St-Brès
Lunel-Viel
Marsillargues
le Grau-du-Roi
Port Camargue
Phare de l'Espiguette
Tour Carbonnière
le Boucanet
Mas du Bouquet
Mas de Chaberton
St-Laurent-d'Aigouze
Vergèze
VAUVERT
le Cailar
Aimargues
Gallargues-le Montueux
Aubais
Villetelle
Ambrussum
SOMMIÈRES
Château de Villevieille
Calvisson
Congénies
Aujargues
Junas
Saussines
Boisseron
Beaulieu
Restinclières
St-Christol
St-Geniès-des-Mourgues
Sussargues
Guzargues
Assas
Teyran
Jacou
Clapiers
Prades-le-Lez
Montferrier-sur-Lez
Grabels
St-Gély-du-Fesc
LES MATELLES
St-Clément-de-Rivière
Combaillaux
Murles
Vailhauquès
Argelliers
Montarnaud
St-Paul-et-Valmalle
Murviel-lès-Montpellier
St-Georges-d'Orques
Lavérune
St-Jean-de-Védas
Juvignac
Montpellier-la-Paillade
Mauguio
Candillargues
Mudaison
Lansargues
Valergues
St-Just
St-Nazaire-de-Pézan
Tamariguières
GIGNAC
ANIANE
St-André-de-Sangonis
Popian
Pouzols
St-Bauzille-de-la-Sylve
le Pouget
Vendémian
Plaissan
Bélarga
Campagnan
St-Pargoire
St-Pons-de-Mauchiens
Tressan
Puilacher
Brignac
Canet
St-Hilaire
Montpeyroux
Arboras
Jonquières
St-Saturnin
Lagamas
St-Guilhem-le-Désert
Grotte de Clamouse
Pont du Diable
St-Jean-de-Fos
Puéchabon
Montagne de la Celette
Gorges de l'Hérault
Mont St-Baudille
Grotte de Baume Cellier
Grotte du Sergent
St-Martin-de-Londres
Mas-de-Londres
Notre-Dame-de-Londres
Viols-le-Fort
Cazevieille
Château de Cambous
Château de Montferrand
Mortiès
St-Mathieu-de-Tréviers
Tréviers
Valflaunès
Lauret
Claret
Sauteyrargues
Vacquières
Fontanès
Mas-de-Martin
St-Bauzille-de-Montmel
Buzignargues
Galargues
Campagne
Garrigues
Carnas
St-Clément
Salinelles
Lecques
Col de la Croix de Gailhac
Gailhan
Sardan
Aiguebelle
Brouzet-lès-Quissac
Corconne
Pompignan
Crête de Taillade
Ferrières-les-Verreries
St-Bauzille-de-Putois
Agonès
Brissac
Cazilhac
Laroque
GANGES
Grotte des Demoiselles
le Trou Fumant
Mont Haut
Montoulieu
Moulès-et-Baucels
SUMÈNE
LE VIGAN
Avèze
Pommiers
Montdardier
Rocher de la Tude
Cirque de Navacelles
Gorges de la Vis
Montagne de la Séranne
Madières
St-Maurice-Navacelles
Peyre Martine
Puech Agut
les Rives
St-André-de-Buèges
St-Jean-de-Buèges
Causse-de-la-Selle
Pégairolles-de-Buèges
St-Martin-d'Azirou
les Lavagnes
la Font-du-Griffe
VALLERAUGUE
Col de Faubel
Col du Minier
Montals
Arphy
Aulas
Molières-Cavaillac
Bréau-et-Salagosse
Aumessas
Arre
Bez-et-Esparon
Navas
le Quintanel
le Landre
la Rigalderie
Blandas
Rogues
St-Hippolyte-du-Fort
Vieux St-Hippolyte
Cros
Monoblet
Durfort-et-St-Martin-de-Sossenac
St-Jean-de-Crieulon
Logrian-Florian
Château de Florian
Canaules-et-Argentières
Savignargues
Puechredon
St-Théodorit
Cardet
Lézan
St-Jean-de-Serres
Sauve
QUISSAC
Liouc
Orthoux-Sérignac-Quilhan
Sérignac
Cannes-et-Clairan
Bragassargues
Crespian
Montmirat
Vic-le-Fesq
Combas
Fontanès
Souvignargues
Château de Pondres
Montpezat
St-Côme-et-Maruéjols
St-Étienne-d'Escattes
Clarensac
Caveirac
Nages-et-Solorgues
Boissières
Oppidum
LÉDIGNAN
Aigremont
Mauressargues
Montignargues
Moulézan
Fons
St-Mamert-du-Gard
Parignargues
Gajan
St-Bauzély
St-Geniès-de-Malgoirès
la Rouvière
Domessargues
Sauzet
Moussac
Brignon
Boucoiran
Cruviers-Lascours
Castelnau-Valence
St-Césaire-de-Gauzignan
Martignargues
Massanes
Cassagnoles
Maruéjols-lès-Gardon
St-Bénézet
les Tavernes
Ners
VÉZÉNOBRES
Deaux
St-Hilaire-de-Brethmas
St-Hippolyte-de-Caton
Euzet
St-Christol-lès-Alès
Bagard
Vermeil
Ribaute-les-Tavernes
ANDUZE
Tornac
Massillargues
Attuech
la Madeleine
Lascours
St-Félix-de-Pallières
Générargues
LASALLE
Thoiras
le Puech
Vabres
Colognac
St-Roman-de-Codières
Sanissac
Col du Rédarès
Montagne de la Fage
Col de l'Asclier
Col du Mercou
Soudorgues
St-Martial
Notre-Dame-de-la-Rouvière
Col de la Triballe
le Mazel
St-André-de-Majencoules
Mandagout
St-Bresson
St-Laurent-le-Minier
St-Julien-de-la-Nef
Chemin de Fer Touristique
Vallée Obscure
Cambo
Cézas
la Cadière
Pradines
Aguzan
Ceyrac
Mandiargues
Monplaisir
Valfons
Cauviac
Sabatier
la Masselle
Tourres
Mirabel
les Embruscalles

Wo gibt es was?

Fähnchen-/Nadelnummer = Textnummer ❶ = Auskunft

Aigues-Mortes ①

Von Mauern und (Tor-)türmen umgebene Kleinstadt (›tote Wasser‹) am Rande der Petite Camargue. Ihr über 700 Jahre bewahrtes Gesicht macht sie zum hochrangigen Touristenziel.
Geschichte: 1240 erwarb König Ludwig IX. das heutige Territorium zum Zweck des Hafenbaus. Um den Bergfried Tour de Constance entstanden Stadt und Seekanal. Der Ort wurde Ausgangspunkt des 6. Kreuzzugs (1248-1254) ins Heilige Land.
Sehenswert ist besonders die Tour de Constance. Vom aufgesetzten Wachtürmchen Ausblick auf Stadtanlage, Weinfelder und Salinen (tgl. ab 9.30 Uhr). Das St.-Louis Fest stellt den Kreuzfahreraufbruch nach (Wochenende vor dem 25. Aug.).
Umgebung: Bei *Marsillargues* (7 km nördl.) das Château de Teillan mit Taubenturm für 1500 Nester, im Park römische Meilensteine und Altäre; bei *Villetelle* (11 km nördl.) die Reste einer Römerbrücke über den Vidourle, nahebei Spuren der antiken Via Domitia.
❶ Office de Tourisme, Porte de la Gardette, F-30220 Aigues-Mortes, Tel. 04 66 53 73 00, Internet: www.ot-aiguesmortes.fr

Le Grau-du-Roi ②

Der kleine, noch recht ursprünglich wirkende Fischerhafen (gepflegte Strände zu beiden Seiten) trägt den Namen des ehem. Königskanals, der von Aigues-Mortes hier mündet. In Sichtweite die Feriensiedlungen von *Port-Camargue* und *La Grande-Motte*.
Aktivitäten: ›Seaquarium‹ mit Haitunnel im Musée de la Mer zwischen Le Grau und Port Camargue (ganzj.); Vergnügungspark ›Amigoland‹; Hochseeangeln; Segeltouren, -regatten; Fischerstechen (Monatsmitte Juni bis Sept.); provenzalische Stierkämpfe.
❶ Office de Tourisme, 30, Rue Michel Rédarès, F-30240 Le Grau-du-Roi, Internet: www.ville-legrauduroi.fr

Montpellier ③

Hauptstadt der Region Languedoc-Roussillon (208 000 Einw.). Universität (seit dem 13. Jh.) und Forschungszentren; Medizin, Informatik, High-Tech. Postmoderne Architektur kontrastiert mit der Altstadt.
Geschichte: Im 10. Jh. aus zwei dörflichen Besitzen entstanden, war Montpellier wichtiger Handelsplatz mit dem Orient bis Mitte 15. Jh.; neuer wirtschaftlicher Aufschwung kam durch die Ansiedlung von Algerienfranzosen Anfang der 1960er Jahre.
Sehenswert ist das alte Montpellier (zu Fuß von der Place de la Comédie oder per Kutsche ab Esplanade Charles-de-Gaulle). Prächtig die Stadtresidenzen (Hôtels), z. B. in der Rue du Cannau, Rue Fournarié und um die Place de la Canourgue. Lehrreich die Heimatmuseen Languedocien (Rue Jacques Cœur, mo-sa nachm.) und Vieux Montpellier, Place Pétrarque (ganzj. di-sa); das Musée Fabre am Boulevard Sarrail zeigt flämisch-niederländische Gemälde (di–so 9–17 Uhr). Auf Ludwig XIV. geht die Promenade de Peyrou (mit Triumphbogen und Statue des Königs) zurück, die zum tempelähnlichen ›Château d'eau‹ führt (dort ein Wasserspeicher und ein Aquädukt, 1766). Sehenswert auch der Jardin des Plantes, Frankreichs ältester botanischer Garten (mo–sa 8.30–18 Uhr). Die Moderne repräsentieren das Kommerzzentrum Polygone und das von Ricardo Bofill entworfene neoklassizistische Wohn- und Verwaltungsviertel Antigone (1970er/80er Jahre).
Sommerpalais: Teils zwischen neueren Häusern in den Vororten versteckt, teils im Umland liegen die ›Folies‹. Im 18. Jh. von Adligen und Kaufleuten errichtet mit schönen Gärten, etwa das Château de la Mogère (Pfingsten–Sept. tgl. 14.30–18.30 Uhr), das Château de Flaugergues (Park und Gärten mo–sa 9–19 Uhr, Juli–Aug. auch so nachm., Führungen Juli-Aug. di–so nachm.) sowie das Château d'O (Zugang nur zu Ausstellungen und Veranstaltungen).
Umgebung: In *Lattes* (7 km südl.) zeigt das Musée Henri-Prades reiche Grabungsfunde aus der Region (tgl. außer di). Auf einer Landzunge (15 km südl.) die Ruine der Kathedrale von *Maguelone*.
Veranstaltungen: Ende Juni/Anf. Juli Internationales Tanzfestival; Mitte Juli–Anf. Aug. Musikfestival (klassisch, Jazz); Mitte Juni bis Mitte Juli Printemps de Comédiens im Château d'O. In *Palavas-les-Flots* (12 km südl.) Fischerstechen auf dem Hafenkanal (Mitte Juli u. Mitte Aug.).
Tip: Günstige Parkplätze für den Stadtbummel sind ›Place de la Comédie‹ ›Halles Laissac‹ und ›Foch Préfecture‹.
❶ Office du Tourisme, 30, Allée Jean de Lattre de Tassigny, F-34000 Montpellier, Tel. 04 67 60 60 60, Internet: www.ot-montpellier.fr

Sète ④

Der größte französische Frischfischhafen (41500 Einw.) am Mittelmeer. Import von Tropenholz, Umschlagplatz für Wein, Ölfrüchte, Melasse, Dünger, Methanol.
Geschichte: Der Ort wurde auf einer schon zu gallo-römischer Zeit besiedelten Insel erst im 17. Jh. als Hafen am Eingang des geplanten ›Kanals der Zwei èMeere‹ (heute Canal du Midi) gegründet.
Sehenswert sind der einst königliche Hauptkanal mit der ›Marine‹, dem Liegeplatz von Thunfisch-Trawlern und Ausflugsbooten, und die Criée, eine Fischauktionshalle am Kanaleingang (tgl. ab 17 Uhr). Am Fuß des Mont St-Clair der Seemannsfriedhof mit dem Grab des Dichterphilosophen Paul Valéry (1871–1945), in der Nähe das Musée Paul Valéry (Juli–Aug. tgl. sonst mi–mo); den Aufstieg wert sind die Panoramablicke auf Sète, Lagunen und Cevennen von der Kapelle Notre-Dame-de-la-Salette und dem Park Pierres Blanches. Auf dem Berg auch der Espace Georges Brassens (Juli–Aug. tgl. sonst di–so), das den in Sète geborenen und begrabenen Sänger-Poeten (1921–1981) würdigt.
Veranstaltungen: Hafenrundfahrten von der ›Marine‹; abends ›Sardinade‹ (Fischgrillen auf der Wellenbrechermole); Ausflüge zum Etang de Thau und auf dem Canal nach Aigues-Modes und Cap d'Agde; am 1. Juli-Wochenende Fest des Fischerei-Schutzpatrons St.-Pierre mit Fischerstechen, aber auch Mitte Juni beim Fest im Fischerviertel Pointe-Courte und Ende Aug. beim Fest des Stadtheiligen St.-Louis. Folklore-Balletts Juli u. Aug., Konzerte u.a. Aufführungen im Théâtre de la Mer beim Musik-, Tanz- u. Varieté-Festival (2. H. Juli).
Umgebung: Die ›Coopérative du Muscat in *Frontignan*‹ (5 km östl.) führt durch ihre Muskateller-Weinkellerei (mo–fr). Um *Bouzigues* (8 km nördl.) am Bassin de Thau beachtliche Muschelzucht; dort auch das Musée de l'Étang de Thau (tgl.); Muschelzucht auch in Mèze (10 km nordwestl.), Austernfest (Aug.). Im Weinbaugebiet steht, 6 km nördl. Méze, die *Abtei de Valmagne* (12. Jh., tgl. Führungen).
Tip: In Séte verkaufen pensionierte Fischer bunte Hängematten aus neuen Netzen, Muscheln und Seesterne.
❶ Office de Tourisme, 60, Grand'Rue Mario Roustan, F-34200 Sète, Tel. 04 67 74 71 71, Internet: www.ville-sete.fr

Vallée de l'Hérault ⑤–⑦

Im malerischen Vallée de l'Herault, benannt nach dem auf dem Mont Aigoual entspringenden Fluß, liegen Kirche und Abtei des 11. Jh. von **St-Martin-de-Londres** ⑤. Durch die Schlucht des *Ravin des Arcs* (3 km nördl.) mit vielen Felsbrücken (bes. dem *Grand Arc*) führt der Trekkingpfad GR 20. Etwa 25 km flußab gründete Wilhelm von Aquitanien 804 eine Einödabtei. Das um diese herum entstandene hübsche Dorf heißt nach ihrem Gründer **St-Guilhem-le-Désert** ⑥. Von der Abtei blieb nur die vielbeachtete Kirche (11. Jh.) vollständig erhalten. Das ehem. Refektorium ist Museum (do–di nachm.); Reliquien-Prozession (Mai). Nahebei die Grotte de Clamouse (2 km südl.) mit besonders filigranen Kristallisationen (ganzj.). Noch imposanter die *Grotte des Démoiselles* (9 km nördl. St-Martin; ganzj.). Von den Gorges de la Vis (ab Ganges) ein phantastischer Blick auf die trockene Flußschleife **Cirque de Navacelles** ⑦.
Aktivitäten: Kanutouren in den Gorges de l'Hérault (Vermietung April–Sept., Le Moulin, St-Bauzille-de-Putois nahe Grotte des Démoiselles. Canyoning ab Basis *Ganges* (20 km nördl. St-Martin).
❶ Office de Tourisme, Place du Général Claparède, F-34150 Gignac, Tel. 04 67 57 67 95.

Maßstab 1:300.000

0 2,5 5 7,5 10 12,5 15 km

Eine wahre Glaubensfestung bildet mitten in Narbonne die Kathedrale St-Just. Unter ihr liegen Reste der alten Römerstadt.

Auf Tour um Narbonne und Béziers

Während in Nîmes die antiken Bauten noch heute genutzt werden, dienten sie in der römischen Provinzhauptstadt Narbonne und anderswo späteren Zivilisationen nur als Fundamente. Viele Kirchen gründen auf heidnischen Tempeln. Nun spürt man nicht nur der römischen, sondern noch früheren Siedlungsepochen nach und poliert sorgsam ihre Relikte – ein Gürtel der Kultur hinter den Stränden des dolce far niente.

△ Im Hérault gefunden wurde der ›Ephebe von Agde‹, eine hellenische Bronzestatue

Ein Mastenmeer: Jachthafen in der künstlichen Freizeitlagune von Cap d'Agde ▽

Das andere Ufer bleibt unerreicht: Reste einer Römerbrücke am Hérault bei St-Thibéry ▽

△ Fort Brescou lagert auf einer kleinen Insel vor Cap d'Agde

Aus dem Meer geborgene Amphoren im Archäologiemuseum ▽

Schon vor den Römern waren die Griechen bis ins Languedoc vorgestoßen. Sie hatten Handelskontore in Aleria auf Korsika, dann in Marseille gegründet und schließlich westlich des heutigen Sète im Schutz eines abgetragenen Vulkans einen Ort gefunden, den sie Agathé – die Gute – tauften. Noch heute nennen sich die Einwohner von Agde darum Agathois. Die griechischen Siedler sind in der einheimischen Bevölkerung aufgegangen, an die hellenische Epoche der an der Hérault-Mündung gelegenen Stadt erinnert noch mancherlei: Amphoren aus dem antiken Hafen etwa – und als Prunkstück und zugleich Namensgeber eines archäologischen Museums die erst 1964 aus dem Fluß geborgene Bronze eines formvollendeten griechischen Jünglings, dem Epheben.

Neuland vor Agde

Auch in Agde haben Freizeit-Planer recht radikal ihre Vorstellungen vom reibungsarmen Urlaub umgesetzt: Allein acht Bootshäfen mit Hunderten von Liegeplätzen wurden in den Étang de Luno um eine aufgeschüttete ›Insel der Vergnügen‹ ausgebaggert, eine Schnellstraße bis zum Strand durchgezogen. Die Bauweise der oft mehrstöckigen Häuser soll an Traditionen der Region anknüpfen, doch die Urbanisierung zeigt kein wirklich eigenes Gesicht.

Auf der alten Römerstraße

Die Römerzeit hat viel deutlichere Spuren hinterlassen als die griechische – nicht nur in Museen. Man könnte der Via Domitia nachspüren, die um 120 v. Chr. anlegt wurde. Zunächst nur als Militärstraße, die der Route eines uralten Verbindungsweges von Beaucaire nach Perpignan und bis zum Fuß der Pyrenäen folgte. Daraus wurde mit der Zeit eine bedeutende Ost-West-Achse für den Handel, auf der streckenweise noch die Autoroute ›La Languedocienne‹ und die Nationalstraße gründen.

Ein besonders schönes Stück der alten Via blieb mit noch vier von ursprünglich neun Bögen in der Brücke bei St-Tibéry erhalten. Überhaupt zeichnen sich in dieser Gegend noch viele

△ Bogenbrücke Pont Vieux über den Orb bei Béziers; darüber thront die Kathedrale St-Nazaire

Felder wie Strahlen im seit 1247 trockenen Etang von Montady ▽

△ Vor den Schleusen von Fonséranes

Schattige Rast nahe der Kathedrale St-Nazaire ▽

Der Schlund des l'Oeil-Doux bei Narbonne-Plage wird vom Meer gespeist ▽

△ Hier suchten Albigenser vergebens Schutz: Chor der Kathedrale St-Nazaire

Grundmauern römischer Villen und Bauernhöfe in den Feldern ab, Meilensteine der Straßen stehen am Feldrand oder wurden hin und wieder späteren Bauten eingefügt.

Béziers und das Jahr 1209

In Béziers, einer von Julius Cäsar selbst für Veteranen seiner 7. Legion kolonisierten Ibererstadt, ist dagegen kein wichtiges Römermonument erhalten. Die prächtigen Marmorbüsten des Augustus Claudius und seiner Familie, die vor anderthalb Jahrhunderten bei Ausgrabungen geborgen wurden, sind im Musée St-Raymond in Toulouse ausgestellt. Dafür verweist die Stadt mit Stolz auf ihre 600 Meter lange Bummelstrecke unter schattenspenden Platanen, die nach dem Erbauer des Canal du Midi benannten Allées Paul Riquet. Sie endet in einem mit exotischen Bäumen bepflanzten Park, dem Plateau des Poètes.

An das Blutbad, das hier 1209 fanatisierte Kreuzfahrer unter Katholiken wie Albigensern anrichteten, erinnert an der Kathedrale St-Nazaire, in die hinein sich das Gemetzel fortsetzte, eine Tafel schon auf katalanisch. Auch der Kirchplatz selbst ist zweisprachig und recht gegensätzlich beschildert: ›aufgeklärt‹ als Place de la Révolution und ›demütig‹ als Plan San Nazari.

Ruhte Hannibal in Ensérune?

Scharf an Béziers vorbei führt der Canal du Midi auf einer Flußbrücke über den Orb und über die Schleuse von Fonséranes zum Bassin de Thau. Die Via Domitia in seiner Nähe berührte auch Ensérune, eine ursprünglich ibero-griechische Siedlung, also noch aus vorrömischer Zeit. Sie entspricht geradezu bildhaft der Definition eines Oppidum: ein zur Verteidigung günstig gelegener Platz, hier ein recht steiler Hügel, mit ständigen festen Wohnplätzen und Handwerksbetrieben. Eine Mauer, Grabstätten, Zisternen, mehrere in den Boden versenkte Getreidesilos und in jeder Hütte eine riesige Keramikkruke, ein Dolium als Vorratskammer, sind inzwischen freigelegt. Der Karthager-Feldherr Hannibal soll an diesem Ort um 214 v.Chr. mit seinen Kampfelefanten beim Zug auf Rom Station gemacht haben.

△ Strebewerk der gotischen Kathedrale St-Just in Narbonne …

… und Blick von ihrem Turm auf den Bischofspalast ▽

Formvollendet: ›Haus der drei Ammen‹ in Narbonne ▽

△ Das Fischerdorf Gruissan bildet den Kern einer Feriensiedlung

Tief gesunken: Reste der Via Domitia vor St-Just in Narbonne ▽

Die ›Festung‹ Narbonne ...

Narbonne, obwohl kleiner als Béziers, scheint dennoch weit gewichtiger. Das macht das einzigartige, wie eine Festung aus dem Stadtbild ragende, ineinander verzahnte und fast erdrückende Bauwerk von St-Just: eine nur aus einem Vorhof und dem gotischen Chor bestehende Kathedrale, ein Kreuzgang, eine Passage zwischen Wehrtürmen, Kapellen, zwei Bischofspaläste, ein Saal der Konsuln, ein Bergfried. Den Grundstein hatte Papst Klemens IV., zuvor Erzbischof der Stadt, aus Rom geschickt. Kühnheit und Wehrhaftigkeit des Baus zeugen vom Reichtum einer Stadt, die einst ebenfalls am Meer lag, aber auch von Attacken und Belagerungen, denen sie ausgesetzt war.

Als einstige Hauptstadt der Provincia Gallia Narbonensis ist sie mit ihren Antikenmuseen eine Fundgrube römischer Kunst geblieben. Viele antike Stätten sind noch überbaut und werden erst sondiert.

Charme geben der Stadt die platanenbestandenen Ufer des Canal de la Robine, der durch Lagunen und Salzgärten die Aude und den Canal du Midi mit dem Industrie- und Ölhafen Port-la-Nouvelle verbindet.

... und ihre ›Satelliten‹

Zwei eigene Zugänge zum Meer und auch zwei Gesichter hat Gruissan, ein Fischerdorf, das sich wie eine Schafherde um ihren Hirten im Schutz eines alten Turms drängt. Das neue Gruissan dagegen, ein weiterer Urbanisierungskomplex, fächert mit meist einfallslosen Bauten an verschiedenen Étang-Ufern aus. Mehr Ferienflair vermittelt da die auf Stelzen erbaute Holzhausansammlung auf dem festen Strand von Gruissan-Plage, der nur überschwemmt wird, wenn der Golfe de Lion im Sturm die Zähne bleckt.

Auch Narbonne-Plage ist nicht eben ein Fest fürs Auge. Immerhin fällt dort zwischen all der phantasielosen Karoarchitektur manch Kuriosum auf: eigenwillige, hart ersparte Häuschen, blau gefliest etwa oder mit Betonlöwen an der Vorgartenpforte. Der Rest sind Supermärkte für die Saison, Shops mit den üblichen Souvenirs, Bier-Bars. Nur der breite, hellbraune Sandstrand ist wirklich schön.

△ Innenhof der Stadtresidenz Hôtel de Lacoste in Pézenas, dem ›Versailles des Languedoc‹

△ Menhir-Statue im Museum von St-Pons-de-Thomières

In St-Pons geleitet der ›Vieux Pont‹ über den Jaur ▽

△ Auf der mittelalterlichen Place Gambetta in Pézenas

Natürliche Felsenbrücken gibt es rund um Minerve, aber nur dieser Viadukt führt in den Ort ▽

Auf der Suche nach den ›Oasen‹

Überhaupt: Auch wenn die Grundidee gut war, den Küstenstreifen nicht durch Einzelbauten zu zersiedeln, sondern Sommerwohnungen samt Service lieber in Zentren zu gruppieren – mit viel Natur dazwischen –, hat dies eine andere Art von Landschaftszerstörung nicht verhindern können. Stört es die Menschen wirklich nicht, wenn der auf wenige Ferienwochen angewiesene Kommerz schon weit vor den Orten mit aufdringlicher Werbung Aufmerksamkeit erheischt? Wo doch jeder nach langer Anreise zunächst nach landschaftlicher Schönheit Ausschau hält und nach dem Meer?
Dennoch gibt es, gleich hinter den Skylines und Flickenteppichen der Strandorte noch Oasen aus der Zeit vor dem großen Urbanisierungstaumel. Die Montagne de la Clape mit Garrigue, Rebreihen und Kalkfelsen gehört dazu. Und die kleinen Étangs mit ihren Silberreihern, die weglosen Dünenflanken an einem Grau, wie an dieser Küste die Durchstiche heißen. Selbst ein paar, nur wenige Häuser umfassende Orte mit der Endung ›plage‹ trotzen dem Trend.
Natürlich kann, wer nicht nur zum ›bronzer idiot‹ hierher kommt, zum lethargischen Nur-Braunwerden, auch den Spagat machen – zwischen dem lockeren Leben an lärmigen Strandmeilen und dem landschaftlich-kulturell vielschichtigen Hinterland.

Fahrten weit ins Hinterland

Es ist ja nur ein Katzensprung zu den Kleinstädten landein – wie Lodève und Lamalou-les-Bains. Oder Pézenas, wo Molière, der geniale Theatermann, seine Charaktere studierte und auf die Bühne eines diskreten Stadtpalais brachte, hier erwarb er sich den Ruhm, der ihn emportrug nach Paris. An herrschaftliche Tage erinnert auch ein kurioses Backwerk: Pastetchen mit einer Farce aus Lammfleisch, Curry, Zucker, Zitrone – das Rezept hinterließ 1768 ein indischer Koch.
In kaum einer Autostunde ist man wieder in einem Vorgebirge der Cevennen: Die Monts de l'Espinouse, Le Caroux, der Mont du Somail, die Gorges d'Héric gehören zum 1973 gegründeten Regionalen Naturpark Haut Languedoc.

Plateau de Guilhaumard
Monts de l'Espinouse
Monts du Somail
Parc naturel régional du Haut Languedoc
Massif de Fontfroide
Montagne de la Clape
Golfe du Lion
BÉZIERS
NARBONNE
LODÈVE
BÉDARIEUX
CLERMONT-l'Hérault
PÉZENAS
AGDE
LÉZIGNAN-Corbières
CAPESTANG
St-CHINIAN
St-PONS-de-Thomières
OLARGUES
LE CAYLAR
CAMARÈS
BELMONT-sur-Rance
MURAT-sur-Vèbre
St-GERVAIS-sur-Mare
LUNAS
ROUJAN
SERVIAN
MURVIEL-lès-Béziers
OLONZAC
GINESTAS
COURSAN
FLORENSA
Lac du Salagou
Cirque de Mourèze
Gruissan
Narbonne-Plage
Valras-Plage

Wo gibt es was?

Fähnchen-/Nadelnummer = Textnummer ❶ = Auskunft

Narbonne ①

Die ursprünglich an einer Meeresbucht gelegene Stadt (48 000 Einw.) ist wichtiges Straßenkreuz nach Spanien und zum Atlantik. Neben Béziers Weinhandelszentrum.
Geschichte: 118 v. Chr. als Colonia Narbo Martius gegründet. 27 v. Chr. Namensgeber der römischen Provincia Gallia Narbonensis; spätere Residenz von Westgotenkönigen und Bischofssitz. Der unter Karl d. Gr. zur Herzogsstadt von Gothien erhobene Ort verlor an Bedeutung, als die Aude ihren Lauf änderte und der Hafen im 14. Jh. versandete.
Sehenswert sind u. a. die unvollendete Kathedrale St-Just (ab 1272; tgl. ab 9 Uhr) und ihr Domschatz (u. a. die Tapisserie ›Die Schöpfung‹, 15. Jh.; Mitte Juni–Nov. tgl. außer so 9.30–17.30, sonst nur nachm.). Die Basilika St-Paul zeigt einen großartigen Chor (ab 1224) über frühchristlicher Krypta (tgl. ab 9 Uhr). Notre-Dame-de-la-Mourgié (13. Jh.) wird als Antiken-Museum ›Lapidaire‹ genutzt (Juli–Aug. tgl. ab 9.30 Uhr). Das Musée Archéologique im erzbischöflichen Palais Neuf (14. Jh.) verwahrt prähistorische u. griechisch-römische Ausgrabungen (Mai–Sept. tgl., sonst di–so).
Umgebung: *Narbonne-Plage* (12 km östl.) mit breitem, gepflegtem Strand setzt auf Massentourismus. Familiärer ist das nahe *St-Pierre-sur-Mer*, in dessen Nachbarschaft der 70 m tiefe Salzsee Gouffre de l'Oeil-Doux. Der Montagne de la Clape (10 km östl.) hat im Coffre de Pech-Redon seinen höchsten (Panorama-)Punkt. Meerwärts liegt die Kapelle Notre-Dame-des-Auzils, ein Seemannsfriedhof und das hübsche, um einen Turm herum entstandene Fischer- und Salzbauerndorf *Gruissan*, mit angegliedertem Freizeit- und Badekomplex Gruissan-Plage, dort auch Strandhäuser auf Stelzen.
Das im Tal gelegene *Fontfroide* (14 km südwestl. Narbonne) ist die größte Zisterzienser-Abtei des Midi (gegr. 1093; tgl. Führungen). In *Sallèles d'Aude* (14 km nördl.) entstand ein Museum über dem Fundort römischer Amphoren; Töpferei (Juli-Sept. tgl., sonst mo geschl.). In *Bize-Minervois* (22 km nördl.) die Olivenöl-Kooperative ›L'Oulibo‹ (Juli–Mitte Sept. tgl. Führungen). Aktivitäten: Golf (6-Loch), Verleih von Trekkingrädern und Mountainbikes, Ausflugsfahrten auf dem Canal de la Robine.
Veranstaltungen: Fete de l'Olivier mit Aioli-Wettbewerb und Verkauf regionaler Erzeugnisse an einem So Ende Juli.
❶ Office du Tourisme, Avenue des Vacances, F-11100 Tel.04 68 49 84 86, Internet:www.narbonne-plage.com

Béziers ②

Die hoch über dem Orb gelegene Stadt (71000 Einw.) ist Weinwirtschaftszentrum des Languedoc und eine Hochburg des in Südwestfrankreich populären Sports Rugby.
Geschichte: Ab 35 v.Chr. römische Kolonie Julia Baeterrae. Die Steine antiker Gebäude wurden im 3. Jh. zum Bau einer Stadtmauer verwandt. Wegen der Weigerung der Katholiken der belagerten Stadt, die als Ketzer verfolgten Albigenser auszuliefern, wurde bei deren Einnahme (1209) die gesamte Bevölkerung niedergemacht.
Sehenswert ist die spätromanische, nach dem Massaker rekonstruierte Kathedrale St-Nazaire über dem Fluß (10-m-Rosette in der Westfassade); schön ist der Blick auf Brücken, Fluß und Ebene von der Terrasse nahe der Kathedrale. Das Musée des Beaux-Arts im Kathedralenviertel zeigt u. a. Werke von Delacroix, Chirico, Utrillo, Dufy (tgl. ab 9 Uhr außer so vorm. und mo). Anregend die Flanier- u. Cafêstrecke Allées Paul Riquet mit dem Exotik-Park Plateau des Poètes. In der Basilika St-Aphrodise diente der mit einer Löwenjagd geschmückte Sarkophag (4.Jh.) als Taufbecken (mo–sa ab 9 Uhr).
Umgebung: Die achtstufige Canal-du-Midi Schleuse von *Fonséranes* am Stadtrand überwand einst 25 m Höhe. Der Hügel des *Oppidum d'Ensérune* (12 km westl.) war schon im 6.Jh.v.Chr. von Ibero-Griechen besiedelt (Museum tgl.). Unterhalb der Ausgrabungsstätte die strahlenförmig angelegten Felder im einstigen Teich von *Montady*. Béziers' Badeort heißt *Valras-Plage* (10 km südl.) und liegt an der Orb-Mündung. *Agde* (22 km östl.) am Hérault ist eine 2500 Jahre alte griechische Gründung; teils aus Lavagestein des nahen Vulkans Mont St-Loup erbaut ist seine Wehrkirche St-Etienne (12. bis 15.Jh.). Das Musée Agathos zeigt Amphoren, Schiffsmodelle, Votivgaben (tgl. ab 10 Uhr, Mitte Sept.-Mitte Juni di geschl.). *Cap d'Agde* (2 km südl.) ist ein auf erstarrten Lavazungen und künstlichen Inseln erbauter Ferienort (1750 Bootsliegeplätze). Dort das Musée de l'Ephèbe mit guten antiken Funden (Juli–Aug. tgl. außer di ab 9.30 Uhr, sonst auch so vorm. geschl.).
Aktivitäten: Stadtführungen, Märkte; Golf (18-Loch) in Béziers und Cap d'Agde, dort auch der Vergnügungspark ›Aqualand‹ (tgl. Juni–15. Sept. ab 10 Uhr).
Veranstaltungen: Béziers: Klassisches Musikfestival (Juli), Feria-Sommerspektakel (Mitte Aug.), Fest des neuen Weins (3. Okt.–So.). Meeresfest in Cap d'Agde (Ende Juli); Fischerstechen in Béziers u. Agde (Juli/Aug.); Rugbyspiele (Okt.-Mai so) in Béziers.
❶ Office de Tourisme, 5, Place Jean Jaurès, F-34545 Béziers, Tel. 04 67 28 05 97, Internet: www.ville-beziers.fr

Pézenas ③

Einst für seinen Jahrmarkt fast so berühmt wie Beaucaire, wurde die ansehnliche Kleinstadt am Fluß Peyne durch Wein- und Wollhandel reich. Im 15. Jh. war der Ort Sitz der Languedoc-Gouverneure. Der kunstsinnige Fürst de Conti formte ihn zu einem ›kleinen Versailles‹.
Sehenswert sind die um die Place Gambetta angeordneten, heute meist unscheinbaren Stadtresidenzen des Ancien Régime mit teils großartigen Innenhöfen: z. B. Hôtel de Lacoste (16. Jh.; schöne Treppe und Galerien; das Portal des Hôtel de Graves; das Hôtel Jacques Cœur (15. Jh.); das Renaissance-Palais Hôtel de Wicque mit Innenhof; das Hôtel Malibran und Hôtel d'Alfonce (17 Jh.) in dessen - Galerienhof Molière 1655/56 gastierte. Das Musée de Vulliod-St-Germain im Hôtel de St-Germain (17 Jh.) zeigt Wohnkultur des 16.-18. Jh., Waffen und Fayencen (Saison mo–sa ab 10 Uhr, sonst di–so).
Veranstaltungen: Karneval, Fohlenumzug (Juli), Mirondela des Arts: Kunsthandwerk, Theater, Folklore, Konzerte (Juli–Aug.).
❶ Office de Tourisme, Place Gambetta, F-34120 Pézenas, Tel. 04 67 98 35 45, Internet: www.ville-pezenas.fr

Lodève ④

Kleinstadt am Zusammenfluß von Soulondres und Lergue mit Holz- u. Textilbetrieben (Kopien alter Teppiche). 84 Bischöfe, die 506-1790 Herren der Stadt waren, sind in einer Kapelle der Kathedrale St-Fulcran (ab 10. Jh.) beigesetzt. Das Musée Fleury im Kardinalspalais zeigt u.a. Spuren von Sauriern und Rundscheibenstelen.
Umgebung: Der Prioratskomplex *St-Michel-de-Grandmont* (6 km östl.) geht auf eine mönchische Gründung im 12.Jh. zurück (Führungen Ostern-Sept. tgl., sonst nur sa/so). Bei *Clermont-l'Hérault* (20 km südl.) das malerische Dorf *Mourèze* und sein Cirque, ein dolomitisches Felsenchaos.
❶ Office de Tourisme, 7, Place de la République, F-34700 Lodève, Tel. 04 67 88 86 44, Internet: www.lodeve.com

Lamalou-les-Bains ⑤

Sommerfrische und Thermalkurort; Kasino; Operettenfestival (Juli/Aug.).
Umgebung: *Hérépian* (6 km östl.) hat seit 1600 eine Glockengießerei (Juli-Aug. tgl. ab 10 Uhr). Den Parc régional beherrschen die Monts de l'Espinouse mit vielfältiger Flora. Das ›Südtor‹ zum Regionalpark ist *St-Pons-de-Thomières* (35 km westl.) mit sehenswerter ehem. Kathedrale (ab 11. Jh.) und Vorgeschichtsmuseum (Mitte Juni bis Sept. tgl. ab 10 Uhr, sonst mo geschl.); an der D 169 (16 km nördl.) Museumshof Prat d'Alaric (Mitte Juli–Aug. tgl. nachm.). Im Felsenort *Minerve* (30 km südl. St-Pons) trägt der Altar von St-Etienne (ab 11. Jh.) das Jahr der Weihe: 456; das Ortsmuseum zeigt Funde des Aurignac-Menschen (tgl.), im Musée Hurepel wird die Geschichte der Katharer erklärt (tgl. April–Mitte Okt.).
❶ Office de Tourisme, 1, Avenue Capus, F-34240 Lamalou-les-Bains, Tel. 04 67 95 70 91

Maßstab 1:300.000

0 2,5 5 7,5 10 12,5 15 km

Zwischen Château Royale und der Hafenkirche Notre-Dame-des-Anges hat sich dieser Maler am Kai von Collioure niedergelassen.

Katalonien beginnt bei Perpignan

Perpignan ist diesseits der Pyrenäengrenze das, was Barcelona jenseits ist: Hauptstadt der Katalanen. Einst regierten hier die Grafen des Roussillon und die Könige von Mallorca. Katharer fanden auf den Gebirgszinnen der Corbières letzte Zuflucht, doch keine bleibende Sicherheit. Die Senke des Roussillon ist das Frühbeet für Europas Norden. Als fruchtbar erwies sich die Grenzregion auch für die schönen Künste: Der Kubismus hat hier seine Wurzeln.

△ Über den Dächern von Perpignan: die Kathedrale St-Jean

Palmen und Cafés an der Place Arago ▽

Kantig-wuchtig ist das Palau dels Reis de Mallorca ▽

△ Aristide Maillols ›Venus‹ vor der Loge de Mer

Le Castillet, das Wahrzeichen Perpignans ▽

In einem Hochkantrechteck zwischen Mittelmeer und dem Fluß Aude, der Autobahn von Narbonne nach Carcassonne und der spanischen Grenze schieben sich die Corbières vor das Roussillon. Die Ausläufer des Zentralmassivs waren einst ›Katharerland‹ und tragen deren Fluchtburgen noch auf den Felsenspitzen. Das Roussillon aber war und bleibt das Land der Katalanen, die zwischen ihren Hauptstädten Barcelona und Perpignan keine kulturelle Grenze kennen.

Zweiländerstadt Perpignan

Bereits in Perpignan spricht jeder dritte ›catalan‹, aber auch das Spanische hat Hausrecht, und gegen den Durst bestellt man in dieser Sonnenstadt eine ›agua limon‹. Kardinal Richelieu traute den so gar nicht nach Frankreich drängenden Bürgern der einst aragonesischen und mallorquinischen Stadt auch nach der Angliederung des Languedoc nicht über den Weg – er ließ den Palast der Könige von Mallorca in einer Zitadelle verstecken. Das war eine ständige Drohung, sich dem Regime der aufeinanderfolgenden Ludwigs zu fügen. So ist denn auch nicht das Schloß Wahrzeichen der Stadt, sondern der Torturm der Stadtmauer, Le Castillet, die erst Anfang des 20. Jahrhunderts abgerissen wurde, als der Stadt diese Jacke nicht mehr paßte.

Gleich hinter dem roten Ziegelbau der Torfestung mit ihren steinverstärkten Kanten öffnet sich der alte Kern von ›Perpinya la catalana‹ wie eine Oase der Lebensfreude, zugleich aber als eine Vitrine glorreicher Vergangenheit. Ein schon gar nicht mehr französisch wirkendes Café unter Bäumen, Glockenspiel, ein Hôtel aus vorrevolutionärer Zeit, wenige Schritte nur bis zum alten Seegericht, der Loge de Mer, und zur Kathedrale St-Jean. Neben ihr der Campo Santo, Frankreichs ältester mittelalterlicher Friedhof, heute restauriert als feierliches Rechteck mit Grabnischen und Marmorgrabplatten im Umgang.

Durch schmale, hohe Gassen, in die im Sommer die Sonne fast senkrecht fällt, geht es zum Palast der mallorquinischen Herrscher – welch ein Kontrast zu Frankreichs verspielten Königsschlössern! Beinahe maurisch wirkt dieser Palau dels Reis de Mal-

△ Gut abgeschirmtes Café hinter dem Stadttor im Castillet

Ihrer Ehre bewußt: Bannerträger bei der Fête d' Arago in Estagel ▽

△ Farbenspiel schöner Altstadtfassaden

Maillols ›Méditerranée‹ im Rathaushof ▽

△ Cafés muß man in Perpignans Altstadt nicht suchen

Gar nicht so wilde Wildziegen in der Réserve africaine bei Sigean ▽

lorca. Die breite Eingangsrampe, der Ehrenhof mit Mauern aus Kieseln und Ziegeln und mit seinen Galerien, dem Schauplatz sommerlicher Musik-Spektakel – alles atmet Mittelmeerkultur.

Junge Hüter der Tradition

Doch das Katalanische ist hier nicht nur steinerne Vergangenheit. Gerade die Jugend bekennt sich selbstbewußt zu den Traditionen. Nicht nur im Sommer und nicht nur den Touristen zuliebe findet sie immer Anlaß, die Sardana zu tanzen. Zu den Klängen einer Musikkapelle, der Cobla, bilden junge, rot und weiß gekleidete Männer und Frauen einen Kreis, fassen einander an den erhobenen Händen und übersetzen die von elf Instrumenten ausgedrückten Temperamente in Tanzfiguren, bei denen acht kurzen Schritten doppelt so viele lange folgen. Bei Wettbewerben finden sich zum Abschluß alle Tänzer in konzentrischen Kreisen zur ›Sardane de la fraternité‹.

Die Feuer der Brüderlichkeit

Katalonien, Catalunya, Catalogne hat viele Künstler von Weltruf hervorgebracht: den Cellisten Pablo Casals, die Sängerin Montserrat Caballé, den Architekten Ricardo Bofill, die Maler Dalí, Miró, Tapiès und – durch seine hier entstandenen Arbeiten – auch den Andalusier Picasso. Der Name dieser Kulturlandschaft – Gothalanie – geht vermutlich auf die Epoche der Westgoten zurück. Das stärkste Signal einer immer noch über die Landesgrenze hinweg empfundenen Zusammengehörigkeit von 300 000 französischen und drei Millionen spanischen Katalanen wird in der einbrechenden Mittsommernacht gegeben.

Vom Castillet in Perpignan trägt an diesem Tag eine Stafette von Roussillon-Katalanen ein Fackelfeuer hoch zum Canigou, dem ›heiligen Berg‹ Kataloniens. Gemeinsam mit einer spanischen Abordnung wird dann auf dem 2784-Meter-Pic das erste Sonnenwendfeuer entfacht. Erst auf dieses Zeichen hin lodern viele andere Holzstöße im Vorgebirge und auf der Ebene auf.

Auch die Prozession ›La Sanch‹ am Karfreitagabend in Perpignan folgt katalanischen Riten. Anonyme Büßer

△ Altes Weingut bei Banyuls

In Fässern reift der Südwein hoch über dem Ort ▽

△ Farbenfrohe Werbung für den Muskateller von Rivesaltes

△ Fort de Salses war einst Vorposten des Königreichs Aragon

Weinlese der Muskatellertrauben bei Rivesaltes ▽

in rote Kapuzenkutten gehüllt, die nur den Blick freilassen, tragen zu alten Kirchengesängen den Dévot Christ bei Fackelschein durch die Stadt: Einen in seine Martern ›ergebenen Christus‹ mit geneigtem Kopf; Beispiel für eine der zerquältesten Holzskulpturen des Mittelalters.

Im Roussillon: Gemüse, Obst ...

Damals war das Roussillon der Garten von Barcelona, heute ist es ein immenses Frühbeet für ganz Nordwesteuropa. Von November bis März liefert die Region Freilandsalat und waggonweise Petersilie nach Deutschland. Vor Ostern reifen die ersten Erdbeeren, wenig später ernten die Bauern um Céret die ersten Kirschen und lassen stets einen Korb voll dem Präsidenten der Republik überbringen. Dann folgen, noch im April, die ersten Pfirsiche und die sommersprossigen Aprikosen ›Rouge du Roussillon‹.

Moderne Zuchtmethoden und ein europaweiter Vertrieb haben den Traum mancher Katalanen erfüllt, die dem Land schon den Rücken gekehrt hatten: volem viure al pais – sie wollen auf und aus ihrem Land leben. Sogar einen eigenen Schutzpatron rufen sie für ihre Ernten an, den heiligen Gauderic – nicht den heiligen Fiacrius, wie es Languedoc-Franzosen tun.

... und (zuviel) Wein

Die Winzer haben in den letzten Jahrzehnten umlernen müssen. Wein wuchs hier ganz von selbst, und die Sonne gab ihm soviel Glut, daß er davon noch nördlicheren Gewächsen im Verschnitt abgeben konnte. Ein einfacher, preiswerter Tischwein, kräftige ›Medizin‹ für schwächere Tropfen, von denen die Winzer eine Zeitlang nicht genug produzieren konnten. Um die Erntemenge noch zu steigern, setzten sie sogar Weinfelder unter Wasser, damit die Beeren dicker würden.

Der Staat stoppte diese in jeder Hinsicht billige Überproduktion, indem er Prämien für jeden Hektar ausgerissener Allerweltsrebstöcke zahlte. Heute wird weniger, doch besserer, sogar prämierter Wein angebaut. Zwei Drittel der Fläche ist dem ›Vin doux naturel‹ reserviert, Rebstöcken, die das Übermaß an Sonne ohne Zucke-

△ Archaisch und rätselhaft: Dolmenanlage bei Fontcouverte

Für Einsiedler wie geschaffen: Landschaft nahe der Eremitage St-Victor ▽

Gottesburg: In einem Tal der Corbières wurde 1093 die Zisterzienser-Abtei von Fontfroide gegründet ▽

Gotischer Kreuzgang von Fontfroide ▽

rung in Natursüße und 15 Prozent Alkohol umsetzen: Aus der Grenache-Traube wird der Rivesaltes, aus der Malvasier der Banyuls und aus dem Muskateller der Muscat de Rivesaltes. Nur ein kleines Glas genossen, und man glaubt, in die Traube selbst zu beißen.

Die Inquisition fraß sie alle

Reinster Genuß also. Ob ihn schon die Katharer mit ihrem ›reinen‹ Glauben zu schätzen wußten? Ob hehre Schloßdamen Troubadoure daran nippen ließen, die in ihren Liedern die Fin'amor rühmten? D'amor mou castitaz – Liebe aus Keuschheit entstanden –, das war die Botschaft der fahrenden Sänger. Ihr Denken war dem der Katharer ähnlich, ihr Schicksal eng mit diesen ›Ketzern‹ verknüpft, die sich mühten, halb mystisch, halb christlich, eine Gemeinschaft von ›Auserwählten‹ zu schaffen. Die Inquisition machte allen Akteuren jener Epoche den Garaus: Albigensern, Sängern und den für liederlich gehaltenen edlen Damen.

△ Schloß Peyrepertuse auf seinem Felssporn

Im Chor der Abteikirche Fontfroide ▽

Rätselhafte Welt der Katharer

Nicht alle heute als Katharerburgen bezeichneten Schlösser in den Corbières und am Aude standen bereits zur Zeit der gnadenlosen Verfolgung, einige wurden erst später gebaut und zerstört. Im Château de Quéribus lassen Grundriß, Mittelpfeiler und Lichteinfall des gotischen Saals einen hier praktizierten Sonnenkult vermuten. Wabern magische Kräfte um diese Ruinen, bergen sie verborgene Schätze?

Während der deutschen Besatzung, erzählen alte Leute, seien Militärmaschinen über Montségur und anderen Burgen gekreist, um die ›Esoterik‹ der ›Reinen‹ zu ergründen. Bis heute rücken immer wieder Glücksritter mit Sonde und Schaufel aus, um Kirchengut aufzuspüren oder das Gold Alarichs, an den ein Gebirgszug an der Autobahn erinnert. Oder gar den siebenarmigen Leuchter des Königs Salomon. Denn von der Beute der Römer in Jerusalem, auf dem Titusbogen in Rom dargestellt, nochmals geraubt von den Westgoten, nach Carcassonne verschleppt und schließlich im spanischen Alméria wiedergefunden, fehlte nur jener berühmte Kultgegenstand.

△ Collioure: Fischerboote mit Lateinersegeln

Barockaltar der Kirche Notre-Dame-des-Anges ▽

△ Gemälde ›pflastern‹ den Schankraum der Hostellerie des Templiers

△ Kreuzgang der Kathedrale von Elne

Bad in der Sonne am Kieselstrand von Banyuls ▽

Gottesburgen in der Einsamkeit

Auch andere Schätze – zu schwer für Plünderer und Diebe – sind über die Zeiten gerettet worden und zugänglich für jedermann, wenn auch nicht immer unversehrt: die Eremitagen von St-Victor und Forca Réal, die romanischen Abteien und Prioreien von Fontfroide, Serrabone und Valbonne, die Kirchen von Elne, Millas und Fontcouverte, das Centre d'Art sacré in Ille-sur-Têt. Oder der steinerne Sarkophag in der Stiftskirche von Arles-sur-Tech, der sich, so oft man ihn auch entleert, auf unerklärliche Weise stets von neuem mit Wasser füllt.

Die kleine Welt der neuen Kunst

Neue, wegweisende Kunst wuchs zwischen 1910 und 1930 – neben den berühmten Frühkirschen – im Vorpyrenäenort Céret. Hier malten Picasso, Braque, Chagall, Derain, Dufy, Juan Gris, hier wurde der Kubismus geboren. Ein großartiges Kunstmuseum gibt davon Zeugnis. Dieselben Künstler, dazu Matisse, ließen sich von dem kleinen Hafen Collioure gefangen nehmen und von seinem intensiven Licht, das Dalí als ›reiner als die reinste Seide‹ rühmte. Dort schuf Matisse – bezeichnend – ›La joie de vivre‹! Beim Patron der Hostellerie des Templiers bezahlten die Maler Kost und Logis mit damals kaum geschätzten, heute unschätzbaren Werken. Die Millionenstücke sind längst abgehängt und gesichert, an den Wänden vor der Theke, die eigentlich ein halbes Boot ist, rücken sich dafür mehr oder weniger gelungene Gemälde eitler Epigonen ins Blickfeld der Besucher.

Ein ›Nachbar‹ von Collioure und seinen Künstlern war Aristide Maillol, der Bildhauer, dem großen Auguste Rodin ebenbürtig. In Banyuls-sur-Mer geboren und im Garten seines Bauernhauses begraben, war er ein Interpret mediterraner Frauenschönheit – seine drallen Bronzen schmükken die Tuileriengärten in Paris aber auch Perpignan. Und eine dieser Figuren, die Maillol schon 1905 schuf, neigt sich im stillen, staubigen Tal von Baillaury über sein Grab. Seinem Heimatort schenkte er ein eindrucksvolles Monument aux Morts – mahnende Erinnerung an die Toten des Ersten Weltkriegs.

△ Cerbère ist Badeort, Grenzstation und internationaler Bahnhof – dahinter beginnt Spanien

Kostbare Fresken in St-Martin-de-Fenollar ▽

△ Die Sardana – Ausdruck katalanischer Identität

Erosion schuf die skurrilen ›Felsenorgeln‹ bei Ille-sur-Têt ▽

△ Prächtig illuminiert: St-Étienne in Ille-sur-Têt

Auf dem Klammweg in den Gorges de la Fou ▽

Tiefer Riß: Gorges de la Fou

Übrigens: Auch das Roussillon hat seine Wildwasserschlucht; es sind die erst 1928 erforschte Gorges de la Fou bei Arles-sur-Tech. Eigentlich nur ein Riß in den Vorpyrenäen, der stellenweise kaum drei Meter breit wird – doch auf über einem Kilometer Länge gleichzeitig schaurige hundert Meter tief hinab führend.

Ein Viadukt führt nach Spanien

Die letzten Strände bis zur Grenze in zahlreichen, schönen kleinen Buchten zwischen Felsen bestehen nicht mehr aus Sand wie noch von der Camargue bis Collioure. Ihre flachen, dunklen Schieferplättchen werden unter der Mittagssonne glühend heiß. Das gilt auch für den mitten im Ort gelegenen Badeplatz von Banyuls wie für den Grenzort Cerbère, der mit seinen weißen Häusern, mit Terrassencafés und schattigen Alleen einen letzten bunten Tupfer an diese südfranzösische Küste fügt. Von dort spannt sich, nach einer Strecke enger Straßenkurven, der Eisenbahnviadukt hinüber nach Spanien. Port Bou auf der anderen Seite war 1940 für zuvor nach Frankreich emigrierte deutsche Literaten ein letztes Schlupfloch in die Freiheit.

Den hitzespeichernden Schieferbruch nutzen die Winzer von Banyuls, um ihren auf handtuchschmalen Terrassen wurzelnden Rebstöcken jene Glut zuzuführen, die den natursüßen Wein mit dem Ortsnamen auszeichnet. Damit nicht zufrieden, lassen sie ihn dann in kleinen Fässern oder dickbäuchigen Flaschen bis zu sechs Jahren sommers wie winters im Freien reifen, bis er schließlich, jeder Tropfen ein Konzentrat von Sonnenstrahlen, dem Portwein gleicht oder als ›Grand Cru‹ noch übertrifft. Stilgerecht serviert wird er in dickwandigen Glaskelchen in Form einer Windenblüte.

Zu den Fischgerichten der Côte Vermeille paßt natürlich besser ein schlichter, trockener Collioure, weiß oder rosé. Etwa zu frisch gefangenen Sardinen oder den Anchovis von Port-Vendres. Diese sollen, sagen zumindest die Kenner, ›nicht zu groß, nicht zu dick, nicht zu fett sein, sondern wie ein junges Mädchen schlank und elegant‹.

NARBONNE
LÉZIGNAN-Corbières
CAPENDU
COURSAN
Montagne d'Alaric
Massif de Fontfroide
LAGRASSE
Plateau de Lacamp
CORBIÈRES
DURBAN-Corbières
SIGEAN
Port-la-Nouvelle
Gruissan
TUCHAN
Leucate
Port-Leucate
Port-Barcarès
Salses
RIVESALTES
PERPIGNAN
Canet-Plage
Saint Cyprien-Plage
ELNE
ARGELÈS-sur-Mer
COLLIOURE
PORT-VENDRES
Banyuls-sur-Mer
Cerbère
FENOUILLÈDES
SAINT PAUL-de-Fenouillet
Estagel
SOURNIA
MILLAS
THUIR
Ille-sur-Têt
VINÇA
PRADES
VERNET-les-Bains
Massif du Canigou
Pic du Canigou
CONFLENT
ROUSSILLON
Plaine du Roussillon
CÉRET
AMÉLIE-les-Bains-Palalda
ARLES
LE BOULOU
Le Perthus
LA JONQUERA
Chaîne des Albères
Serra de l'Albera
Côte Vermeille
Château de Quéribus
Château de Peyrepertuse
Château d'Aguilar
Gorges du Terminet
Roc Fourcat
La Catalane

Wo gibt es was?

Fähnchen-/Nadelnummer = Textnummer ⓘ = Auskunft

Sigean ①

Küsten- und Heidelandschaft (260 ha) beim ruhigen Sigean, den Lebensbedingungen meist afrikanischer Tiere angepaßt (Löwen, Nashörner, Bären, Reptilien, Vögel u. a. m.). Besuch des ›Réserve africaine‹ mit Auto oder zu Fuß; Beobachtungsposten (tgl. ab 9 Uhr).
Umgebung: In *Peyriac-de-Mer* (11 km nördl.) das Musée archéologique mit antiken Funden. Das malerische *Bages* (18 km nördl.) auf einem Felsvorsprung in der Lagune zeigt im Musée International d'Art Naif u. a. Werke des ›Naiven‹ Henri Rousseau. Die ›Terra Vinea‹ in *Portel-des-Corbières* (7 km nordwestl.) ist ein Weinkeller im ehem. Gips-Bergwerk (Juni–Sept. ab 10.30 Uhr, sonst wechselnd). 40 km westl. liegt das schöne Wehrdorf *Lagrasse* (700 Einw.) mit alter Markthalle (1315); über seinen Fluß Orbieu führen zwei alte Brücken zur Benediktinerabtei (um 800 gegründet). Vom Steilfelsen des *Cap Leucate* (22 km südl.) geht der Blick über den Golfe du Lion.
ⓘ Mairie, Place de la Libération, F-11130 Sigean, Tel. 04 68 40 24 24

Burgen der Katharer ②–⑤

Die als ›Katharer-Schlösser‹ bekannten Bergfestungen in den Corbières, einem Pyrenäenvorgebirge, dienten ursprünglich als vorgeschobene Verteidigungswerke (›fünf Söhne‹) Carcassonnes gegenüber Aragon bzw. Spanien: Aguilar, Termes, Quéribus, Peyrepertuse und Puilaurens. Im frühen 13. Jh. wurden sie zu Sicherheitsplätzen verfolgter Albigenser. Ein natürlicher Wallgraben, die Gorges du Terminet, schützte das **Château de Termes** ② das 1210 nach viermonatiger Belagerung fiel. Der Aufstieg ist nicht risikolos, ebensowenig wie zum **Château d'Aguilar** ③ (11.Jh.), das über die D 611 bis Tuchan erreicht wird; am Ende einer Stichstraße geht es dann zu Fuß durch Weinfelder. Beim Dorf *Tautavel* (17 km südl.) am Verdoubie fand man die zu den ältesten außerhalb Afrikas zählenden menschlichen Überreste (etwa 450 000 Jahre). Das dortige Centre Européen de Préhistoire verwahrt ein Skelett des ›Tautavel-Mannes‹ (tgl. ab 9/10 Uhr). Die gewaltige Anlage des **Château de Peyrepertuse** ④ und des mit ihm verbundenen Château St-Georges (4 km westl. Cucugnan) liegt auf einem Bergrücken. Vom Parkplatz am Ende einer ab Duilhac markierten Straße führt ein Pfad hinauf; herrlicher Rundblick. Erst 1255 ergab sich das auf rotem Felsen (729 m) sitzende **Château de Quéribus** ⑤ damit endeten die Albigenserkriege. Zufahrt über die D 123 südl. Cucugnan und über den Paß Grau de Maury. Von den Terrassen, bei Starkwind nicht betretbar, großartige Sicht auf Mittelmeer und Pyrenäen. Gutes Schuhwerk und größte Vorsicht sind bei allen Burgaufstiegen geboten.

Fort de Salses ⑥

An der Via Domitia, zwischen den Lagunen und dem Bergland des Roussillon 1493 von Ferdinand von Aragon für etwa 1500 Mann erbauter, exemplarisch stark befestigter Vorposten. 1642 nach Kampf an Frankreich gefallen. Donjon, Bastionen und Vorwerke des halb im Boden versunkenen Forts blieben erhalten, weil ein Abtragen der mächtigen Wälle zu schwierig gewesen wäre (tgl. ab Uhr 9.30 Uhr).

Perpignan ⑦

Die Metropole der französischen Katalanen (106 000 Einw.) war vor 1914 Kleinstadt, heute das Zentrum des Wein-, Obst- und Frühgemüseexports aus dem Roussiilon.
Geschichte: Im 13. Jh. ein von den Kreuzzügen profitierender Handelsplatz, war die Stadt 1276-1344 Festlandsresidenz der mallorquinischen Könige, dann Teil eines autonomen Prinzipats Katalonien. Die spanische Krone machte den Ort zu einem der bestbefestigten Europas.
Sehenswert: Beherrschend der Palast der Könige von Mallorca (1276); dessen schönster Teil wohl die Bergfriedkapelle Ste-Croix ist (14. Jh.; Juni–Sept. tgl. ab 9/10 Uhr). Im Stadttor Le Castillet (1368–1483), dem Wahrzeichen Perpignans, das katalanische Museum ›Casa Parial‹; vom oberen Stockwerk (142 Stufen) blickt man auf Stadt und Mont Canigou (tgl. außer di ab 9.30 Uhr). Im Arkadenhof des Hôtel de Ville sinniert ›La Pensée‹, eine Bronzestatue Aristide Maillols (1861–1944; mo–sa ab 8 Uhr); vor dem ehem. Handelsgericht, La Loge de Mer (ab 1397), steht seine ›Venus‹.
In der Kathedrale St-Jean (ab 1324, Weihe 1509) gehören die große Orgel (16. Jh.), die Grablege des mallorquinischen Königs Sancho sowie drei Hochaltäre zur reichen Ausstattung. In einer Nebenkapelle der Dévot Christ (14. Jh.), ein expressives, wohl aus dem Rheinland stammendes Schnitzkruzifix (tgl. ab 7.30 Uhr). Ein romanisches Marmorportal (um 1220) geleitet zum älteren Sanktuarium St-Jean-le-Vieux.
Antike Münzfunde zeigt das numismatische Museum Joseph-Puig (di–sa ab 8.15 Uhr).
Umgebung: In der Feriensiedlung *Port-Barcarés* (30 km nördl.) am Golfe du Lion) der auf Land gesetzte Dampfer ›Lydia‹ mit Disko und Spielkasino (Juni–Sept. tgl. ab 10 Uhr). Der Winzerort *Rivesaltes* (10 km nördl.) ist das Zentrum des gleichnamigen Weinanbaugebiets (›Muscat Rivesaltes‹). Das Felsendorf *Bélesta* (32 km westl.) zeigt im Château-Musée umfangreiche archäologische Funde (Keramiken eines 6000jährigen Gemeinschaftsgrabs u.a.m.; tgl. ab 10 Uhr). Die verwinkelte Kleinstadt *Illesur-Têt* (8 km südl. Bélesta) hat ein Centre d'Art sacré mit Kirchenkunst des katalanischen ›Goldalters‹ (Juli–Aug. tgl. außer di, sonst auch so vorm. geschl.). Nahebei, über die D 21 zu erreichen, sind die durch Erosion skurril geformten ›Orgelpfeifen‹. 12 km weiter südl. die einsame Kirche des *Prieuré de Serrabone* (geweiht 1151; tgl. außer fei ab 10 Uhr).
Aktivitäten: Sprachkurse im Rahmen der ›Sommeruniversität‹.
Veranstaltungen: Perpignan: Karfreitagsprozession; Estivales: Theaterfestspiele (Mitte Juni–Mitte Juli); Feria mit Feuerwerk (letzte Juni–Wo.); jeden Do im Sommer Sardane-Tänze u. a. Place de la Loge; Jazz Festival (Okt.); Weihnachtsmarkt auf der Place Gambetta (Dez.). In Rivesaltes das Aprikosen- und Muskatellerfest (Mitte Juli).
ⓘ Office du Tourisme, Place Armand Lanoux, F-66000 Perpignan, Tel. 04 68 66 30 30, Internet: www.perpignantourisme.com

Collioure ⑧

An den Ausläufern der Gebirgskette Albères war der hübsche Ort wichtigster Handelshafen des katalanischen Roussillon. Nördl. der Kirche Notre-Dame-des-Anges (1684 bis 1691) beginnt der Küstenpfad Sentier de la Moulade. Ein ›Chemin du Fauvisme‹ führt zu Motiven und Reproduktionen der ›Fauves‹-Maler Matisse und Derain.
Umgebung: Bedeutend ist der Thun- und Anchovishafen von *Port-Vendres* (3 km südl.). In *Banyuls-sur-Mer* (10 km südl.) sind zwei Kellereien des berühmten Süßweins zu besichtigen: Cave du Mas (tgl. ab 9 Uhr, Okt.–Mai außer so) und La Grande Cave (April–Okt. tgl. ab 9 Uhr, sonst tgl. außer so ab 9.30 Uhr). Im Aquarium ›Arago‹ (tgl. ab 9 Uhr) tummelt sich Mittelmeerfauna. *Elne* (14 km nördl.) 6300 Einw.) war zur Römerzeit Hauptort des Roussillon, seine Kathedrale Ste-Eulalie-et-Ste-Julie (ab 11. Jh.) zeigt künstlerische Kreuzgang-Kapitelle. Im Grenzort *Céret* (7300 Einw., 35 km westl.) stellt das Musée d'Art moderne Werke von Chagall, Dali, Dufy, Matisse, Miró u. Picasso aus. Der ›Vieux pont‹ (Teufelsbrücke) am nördl. Stadtrand (14.Jh.) schlägt einen 45-m-Bogen über den Fluß Tech.
Einkaufstip: Katalanische Stoffe (Les Toiles du Soleil, Sardane); alter Banyulswein.
Aktivitäten: Tauchkurse in Collioure und *St-Cyprien*, dort der Freizeitpark ›Aquacity‹ (Juni–Anf. Sept. tgl.) u. Golfplätze (18 Loch); Drachenfliegen organisiert Céret.
Veranstaltungen: Collioure: Karfreitagsprozession. Céret: Stierfestival (2. Juli-Wochenende); Sardane-Festival mit Tänzen und Musik (2. H. Aug.). Banyuls: Sardane-Festival (1. Aug.–Wochenende). Port-Vendres feiert am 6. Juli das Fischerfest St-Pierre, *Thuir* Mitte Juli ein katalanisches Volksfest.
ⓘ Office du Tourisme, Place du 18 Juin, F-66190 Collioure, Tel. 04 68 82 15 47, Internet: www.collioure.com

Maßstab 1:300.000 — 0 2,5 5 7,5 10 12,5 15km

Mit mehr als hundert geschnitzten Figuren erzählt der Barockaltar in der Kirche von Prades das Leben des Apostels Petrus, ein Meisterwerk katalanischer Kunst.

Am Canigou ist die Welt zu Ende

Der Mont Canigou, Symbol katalanischer Zusammengehörigkeit, ist zugleich weithin sichtbarer Eckpfeiler eines Gebiets, um das sich viele Völker schlugen. Auch hier wurden Katharerfestungen gestürmt, Zitadellen noch zu einer Zeit errichtet, als die Grenze längst besiegelt war. Daneben sind Burgen ganz anderer Art zu Attraktionen geworden: Mönche klebten schon vor 1000 Jahren Abteien an den ›heiligen Berg‹, und Sonnenöfen nutzen die Himmelskraft ganz nüchtern.

△ Kreuzgang der Abtei St-Michel-de-Cuxa bei Prades

Auf einem Felssporn, 1055 Meter hoch, liegt St-Martin-du-Canigou ▽

Figurenkapitell im Priorat von Serrabone ▽

Romanische Gottesmutter in Corneilla ▽

△ Chor der Kirche Ste-Marie in Corneilla-de-Conflent

St-Michel-de-Cuxa ist Hauptspielort beim Festival Casals ▽

Der kühle Verwaltungstitel Pyrénées-Orientales ist den Bewohnern dieser katalanischen Grenzregion fremd geblieben. Aber auch nur sie wissen einigermaßen genau, was noch Roussillon ist und wo die historischen Landschaften Fenouillèdes, Conflent, Cerdagne, Capsir, Vallespir, Albères engere Linien ziehen. Unumstrittene Fixpunkte sind eigentlich nur der Canigou und die letzten drei Flußläufe, die ihr Wasser noch dem Mittelmeer zuführen: Tech, Têt, Aude. Nur einen Bergkamm weiter westlich beginnt der breite Fächer von Pyrenäen-Wildwassern, die sich zur Garonne vereinigen und via Toulouse und Bordeaux schließlich über die Gironde in den Atlantik münden.

Frühe Romanik am Canigou

Der starke Magnet ist seit mehr als tausend Jahren der unvermittelt aus der Ebene steigende, alpine Eckpfeiler des französisch-spanischen Grenzgebirges, das Massif du Canigou. Einst wohl ein zweiter Berg Athos, an dessen schwer zugänglichen Flankenfelsen Mönche meditative Abgeschiedenheit suchten. Bereits im 10. Jahrhundert wuchsen hier die Abteien von St-Martin-du-Canigou und St-Michel-de-Cuxa aus der Ödnis, Beispiele reifer Romanik, deren karolingische, arabische und lombardische Einflüsse am Baukörper ablesbar sind. Im gesamten Roussillon und Languedoc galten sie als Leitbilder dieser Stilepoche.

In der Französischen Revolution wurde auch St-Michel-de-Cuxa aufgegeben, geplündert und verstümmelt – Reste der ursprünglichen Säulen-Kapitelle sind im New Yorker Metropolitan Museum zu sehen, dem auch die Restaurierung des gesamten Komplexes zu danken ist. Seit 1965 leben wieder Benediktiner in der Abtei. Um die schwindelerregende Lage von St-Martin-du-Canigou über einer Schlucht zu begreifen, muß man auf einem Treppenpfad noch etwas höher klettern.

In der Ebene wird schon Obst geerntet, erste Touristen baden an der Côte Vermeille, wenn darüber, greifbar nahe, noch die Schneekappe des Canigou im Morgen- und Mittagslicht gleißt. Sonne gibt es im Übermaß – für Skifahrer im Pisten- und Loipen-

△ Bummel durch die Gassen der Zitadelle Villefranche-de-Conflent

Traditionelles Bauen in Escouloubre-les-Bains ▽

Grasen in großer Höhe: Ziegenherde beim Sportort Font-Romeu ▽

△ Der Sonnenofen von Odeillo bei Font-Romeu

Eng, aber passierbar: die Gorges de l'Aude ▽

zirkus von Font-Romeu und Pyrénées 2000 und sogar für zwei tausendfach verspiegelte Sonnenöfen, den ›Fours solaires‹, die die freie, unerschöpfliche Strahlenenergie zu hohen Schmelztemperaturen bündeln, unter denen auch Materialien für die Raumfahrt erprobt werden. In der Weite satter Weiden steht bei Odeillo der eine, zwischen den Wällen der Zitadelle von Mont-Louis sein Pendant.

Villefranches kühler Charme

Forts und Festungen sind die letzten Zeugen einer Spanne von gut 1200 Jahren, in denen dieses Gebiet von Wandalen, Westgoten, Karolingern, dann von Aragon, Mallorca, Spanien und Frankreich beansprucht wurde. Die eindrucksvollen Verteidigungswerke, die gerade genannte Zitadelle von Mont-Louis, das vorgeschobene Fort Lagarde über Prats-de-Mollo und der Talriegel von Villefranche-de-Conflent tragen jedoch keine Zeichen kriegerischer Händel. Vauban, der immer emsige Militärarchitekt Ludwigs XIV., ließ sie noch zu einer Zeit bauen, als die bis heute gültige Pyrenäengrenze längst besiegelt war.

So kann man in Villefranche ein fast unversehrtes Beispiel mittelalterlicher Verteidigungsarchitektur studieren, durch Gassen mit schmiedeeisernen Aushängeschildern schlendern und hinter abwehrenden Wällen dem damaligen Gefühl von Geborgenheit nachspüren und dabei entdecken, daß der kühle Zweck zugleich einen ausgesprochenen Sinn für schlichte Schönheit heiligte. Da hat alles ausgewogene Proportionen, wurde das Detail beachtet, hier und da ein Relief eingefügt, wurden Granit, Gneis und Marmor so gesetzt, daß auch das Auge Freude daran hat. Bordsteinkanten und Türschwellen aus dem rosa Marmor des Conflent sind bis heute der Stolz vieler Orte wie Vernet-les-Bains und Prades.

Im Schlund der Aude

Die Aude, der sich unauffällig und gemächlich bei Béziers im Meer verliert, bahnt sich aus fast 2000 Metern Höhe zunächst ungebärdig ihren Weg weit weg und parallel zur Küste Richtung Carcassonne. Mit all den festen Massen, die sie den Bergen entreißt, hat sie

Die Blanquette de Limoux muß wie Champagner gerüttelt werden ▽

△ Der römische Aquädukt bei Ansignan wird immer noch zur Bewässerung der Felder genutzt

In Chalabre kragen die Erker alter Häuser über den Fluß Blau ▽

△ Brückenkunst: Der Petit train jaune quert den Pont Séjourne

Große Teile der Katharerburg Puivert sind zu Ruinen verfallen ▽

sich eine tiefe Rinne ins Gestein geschmirgelt. Die mal satt-grüne, mal graue Enge ihrer Gorges nimmt buchstäblich gefangen, als gäbe es keinen Ausweg auf die Höhen und keinen Ausblick auf immer aktuelle Reisekultur.

Bäder und Burgen

Orte gibt es hier, die sich nur noch mit dem angehängten ›les-Bains‹ als einstige Kurplätze zu erkennen geben. Prächtige, schmiedeeiserne Balkons, über die Straße geneigt, urplötzlich grell wie ein letzter Aufschrei gestrichene Fensterläden – doch allzuviele Häuser in dieser Schlucht wirken zugenagelt, ihre Besitzer haben die Schlüssel wohl für immer unter die Matte geschoben. Die Katharer hat auch der Rückzug in diese Einsamkeit nicht vor Verfolgung geschützt: Puilaurens, Arques und Puivert, wo sie keine Unruhe mehr stiften, nur noch ihren Riten leben konnten, fielen nach und nach dem königlich-päpstlichen Machtanspruch zum Opfer.

Limoux im Taumel

Woher kommt da diese pralle Daseinsfreude von Limoux? Von den prickelnden Perlen, die man hier seit dem 16. Jahrhundert – also lange vor dem Champagne-Mönch Dom Pérignon – in den weißen Wein gezaubert haben will? In der nach Art des Champagners vergorene ›Blanquette de Limoux‹, der seinen Namen von ›blanc‹ herleitet, nicht jedoch von den weißen Trauben, sondern vom weißen Flaum auf den Blättern der Mauzac-Rebe. Zusammen mit Chardonnay und Chenin liefert sie den Most.
Ganz klar, daß dieser Schaumwein in Strömen fließt, wenn die Limouxins ausführlich Frühling und Karneval feiern. Les Fecos, die Masken, heißt das Fest, das sich im Ortszentrum um die Venus-Statue dreht. Mal sind es schwarz gekleidete Pierrots, die sich in Arkaden und Bistros drängen, mal mehlbestäubte ›Müller‹ – immer schützt Anonymität die stets neu gewandeten Gruppen und Figuren. Wenn der Tod einen der alten Narren während des Trubels greift, dann, so heißt es, läßt er sich mit Konfetti, Maske und Kostüm zur letzten Ruhe betten.

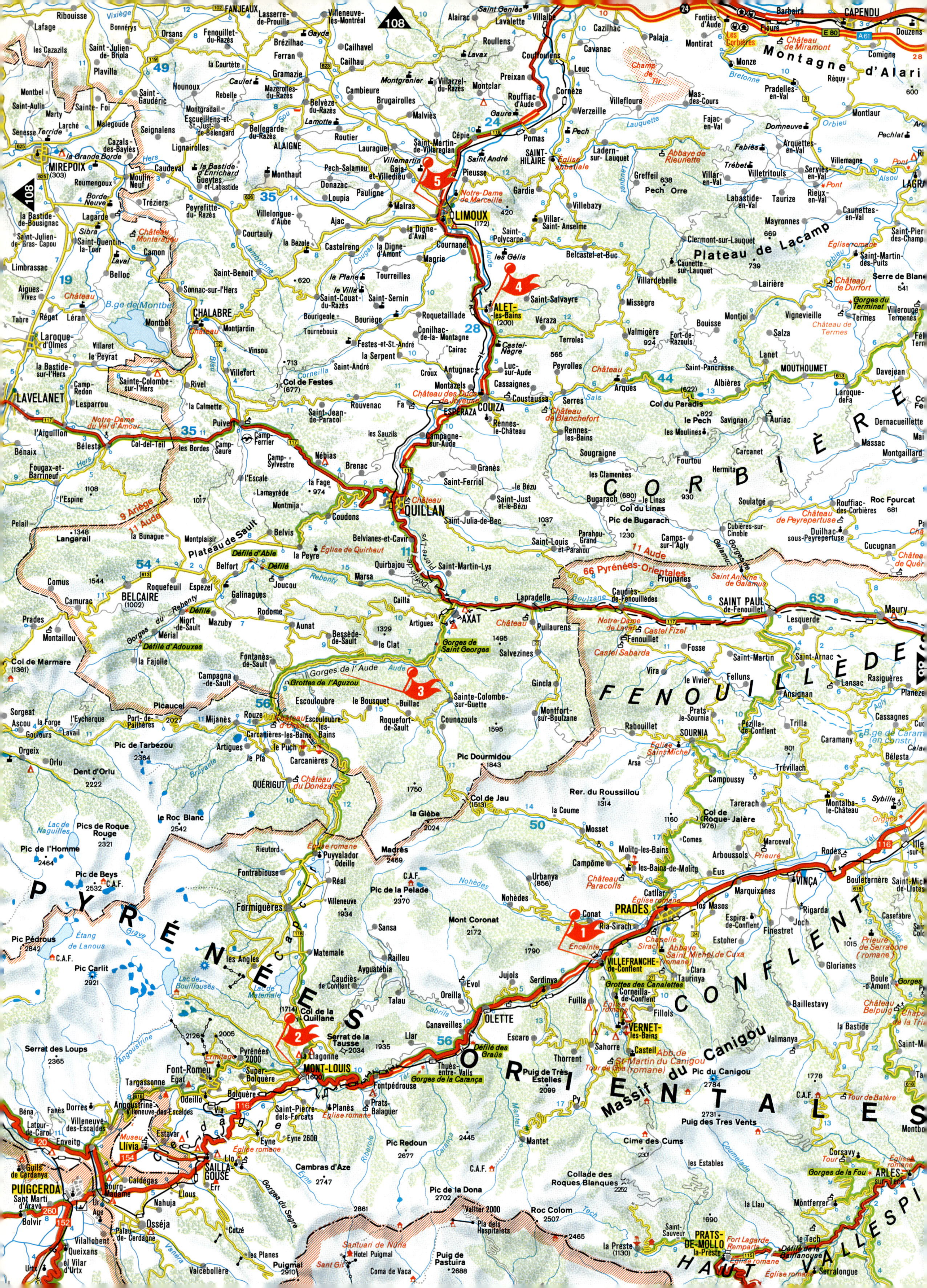

108
Montagne d'Alaric
Mirepoix
Limoux
Alet-les-Bains
Couiza
Espéraza
Quillan
Chalabre
Lavelanet
Puivert
Plateau de Sault
Belcaire
Axat
Gorges de l'Aude
Gorges de Saint Georges
Plateau de Lacamp
Corbières
Mouthoumet
Saint Paul-de-Fenouillet
Fenouillèdes
Sournia
Pic Dourmidou
Col de Jau
Prades
Vinça
Villefranche-de-Conflent
Conflent
Vernet-les-Bains
Massif du Canigou
Pic du Canigou
Olette
Mont-Louis
Font-Romeu
Formiguères
Quérigut
Pyrénées Orientales
Puigcerdà
Llívia
Bourg-Madame
Saillagouse
Prats-de-Mollo
Arles-sur-Tech
Haut Vallespir
Capendu
Carcassonne
Château de Puilaurens
Château de Peyrepertuse
Abbaye Saint-Michel de Cuxa
St-Martin du Canigou
11 Aude
66 Pyrénées-Orientales
9 Ariège

Wo gibt es was?

Fähnchen-/Nadelnummer = Textnummer ⓘ = Auskunft

Villefranche-de-Conflent ①

Sperrfestung im Tal des Conflent, also Zusammenflusses der Wildwasser Cady und Têt. Zunächst Vorposten des Königreichs Aragon, ab 1659 dann Frankreichs.
Sehenswert ist die schrittweise vom 11. bis 17.Jh. ausgebaute Stadtmauer (tgl.). Die Kirche St-Jacques (Portal, 12. Jh.) hat ein früher bei der in Katalonien üblichen Ganztaufe benutztes Marmorbecken (14. Jh.) und Chorgestühl des 15. Jh. Das über der Stadt liegende Fort-Libéria (1679) kann auf 734 Stufen oder mit dem 4-Rad-Antrieb-Pendeldienst von der Porte de France erreicht werden (großartiger Rundblick).
Umgebung: An der Straße zum Canigou (2 km südl.) liegt die Tropfsteinhöhle Grotte des Grandes Canalettes (April–Okt. tgl. ab 10 Uhr, März und Nov. nur so). Benachbart der Ort *Corneilla-de-Conflent*, dessen romanische Kirche Ste-Marie (11./12 Jh.) eine geschnitzte Madonna (12. Jh.) der katalanischen Schule sowie eine marmorne Maria-mit-Kind-Figur (14. Jh.) besitzt (Führungen tgl. ab 10 Uhr). Am Gebirgsfluß Cady liegt die schöne Altstadt des Thermalkurorts *Vernet-les-Bains* (6 km südl.); über dem Ort in 1055 m Höhe die Abtei *St-Martin-du-Canigou* (11. Jh.; Führungen tgl.; nur zu Fuß (2 Std. hin u. zurück) oder per Jeep-Service.
Prades (6000 Einw.; 6 km nordöstl.) war ab 1939 Exilort des katalanischen Cellisten Pablo Casals (1876–1973); Konzerte seines Bach gewidmeten Kammermusikfestivals (seit 1950) finden u.a. in der gotischen Ortskirche St-Pierre und in der 3 km südl. gelegenen Abtei *St-Michel-de-Cuxa* (Weihe 974) statt (tgl. außer so vorm./fei ab 9.30 Uhr, im Sommer nur Führungen).
Dem **Pic du Canigou** (2784 m) nähert man sich mit dem Pkw über Vernet-les-Bains, vom Col de Jou (1125 m). Von dort nur noch mit Vierrad-Antrieb über eine enge Forststraße (bis 21 % Steigung) zum Chalet Hôtel des Cortalets (2150 m); oder ab Prades über den Ras del Cortalets (2055 m) und die nur sommers befahrbare Schluchtstraße D 24, letzter Abschnitt nur für Vierrad-Antrieb; oder von Vernet oder Prades über die D 27, dann die spektakuläre Corniche Escala de l'Ours.
In Corneilla, Vernet und Prades bieten zahlreiche Unternehmen Canigou-Exkursionen.
Veranstaltungen: Festival Pablo Casals in Prades (Ende Juli–Mitte Aug.); Belle-Époque-Fest in Vernet-les-Bains (1. Maihälfte); Folklore-Fest (Ende Juli).
ⓘ Office de Tourisme, Place de l'Eglise, F-66500 Villefranche-de-Conflent, Tel. 04 68 96 22 96

Mont-Louis ②

Als Festungsort zur Verteidigung der Pyrenäen-Grenze 1679 am Schnittpunkt dreier Täler und einer Paßstraße gegründet . Die Zitadelle, nach Ludwig XIV. benannt, wurde nie angegriffen und ist deshalb gut erhalten. In ihren Mauern seit 1953 ein Sonnenofen, der mit ca. 1400 Spiegeln Sonnenstrahlen zu Temperaturen bis 3500 °C bündelt (Führungen tgl. ab 10 Uhr).
Umgebung: Ungewöhnlich die auf sternförmigem Grundriß stehende romanische Dorfkirche von *Planès* (6 km südl.) Der Sonnenofen des inmitten ausgedehnter Weiden liegenden *Odeillo* (7 km westl.) ist jünger (1969) und leistungsfähiger als jener in Mont-Louis (Führungen tgl. ab 10 Uhr). *Pyrénées 2000* (5 km westl.) ist ein künstlich angelegter Wintersportplatz (Alpin-Ski, Langlaufloipen) wie auch das in den 1920er Jahren geschaffene, heute von Zweckarchitektur geprägte *Font-Romeu*, katalanisch: Pilgerquelle, (8 km westl.). Seine als Pilgerstätte berühmte Barockkapelle ›Ermitage‹ mit der verehrten Madonna (12. Jh.) datiert noch aus dem 17. Jh. Eine in der Mauer gefaßte Quelle speist im Innern ein Becken, in dem einst Wallfahrer eintauchten (1. Juli-So–Anfang Sept. ab 10 Uhr). Bei einem der größten Pinienwälder der Pyrenäen liegt der Luftkurort *Osséja* (23 km südwestl.), von dort Zugang zu schönen Wanderwegen.
Tip: Eine Schmalspur-Eisenbahn fährt ab Villefranche-de-Conflent (427 m) über 62 km westl. und schwindelnd hohe Viadukte zum Grenzort *Bourg-Madame* (1143 m).
Aktivitäten: Wildwasserschwimmen, -kanu, -kajak, Rafting, Reiten in Font-Romeu; Klettergarten und Freifluggelände in Les Angles (nördl. Mont Louis). Wintersport.
Veranstaltungen: Osséja: Goigs dels Ous (katalanische Gesänge; April), Internationaler Hirtenhundwettbewerb (2. Julihälfte); in Odeillo die Grande Fête du Four solaire (mit Feuerwerk; Aug.); Wallfahrt am 7. bzw. 8. Sept. zur Ermitage in Font-Romeu.

Gorges de l'Aude ③

Den Pyrenäenfluß Aude begleitet eine Straße durch teils dramatische Schluchten, Défilé de Pierre-Lys und Gorges St-Georges, bis nach Carcassonne. Diese ist umgekehrt die schönste Strecke, um sich von dort über Limoux dem Hochgebirge zu nähern. Die im Frühling starken Schmelzwasser werden von einer Treppe hydroelektrischer Kraftwerke in Strom umgewandelt, etwa bei St-Georges (25 km südl. Alet-les-Bains). Große Wassermengen werden weiter flußauf in den Stauseen von Puyvalador und Matemale gespeichert.
Im mittleren Streckenabschnitt liegen kleine Badeorte am Fluß, auf den Höhen entstanden Wintersportstationen wie Puyvalador, dort auch mehrere Burgruinen, z.B. Usson und Donézan. Das Labyrinth der *Grottes de l'Aguzou* bei Usson-les-Bains ist bestückt mit Bergkristallen und Aragoniten (Führung ›Ein Tag unter der Erde‹ 9–17 Uhr, Reservierung 1–2 Tage zuvor über Tel. 04 68 20 07 78 oder über das Verkehrsamt).
Östl. Axat liegt die mächtige, guterhaltene Katharerburg *Puilaurens* auf einer 697 m hohen ›Steinnadel‹ (Zufahrt südl. von Lapradelle an der D 117 über die D 22). Jeden Mittwoch in Axat ab 6 Uhr großer Vieh- und Viktualienmarkt.
ⓘ Office de Tourisme, Place de la Gare, F-11500 Quillan, Tel. 04 68 20 07 78

Alet-les-Bains ④

Bischofsstadt vom 14. bis 17. Jh., heute nur noch 471 Einw. Die von Hugenotten zerstörte Kathedrale (1577) zeigt in Chor und Kapitularsaal interessante romanische Details (11. Jh.; tgl. ab 9 Uhr). Malerisch ist die noch von Mauern (12. Jh.) geschützte Altstadt um die sternförmige Place de la République mit Häusern des 16. Jh.
Umgebung: Die 1210 eroberte Albigenserburg *Puivert* zwischen *Quillan*, touristischer Hauptort im Audetal, und dem am Blau gelegenen *Chalabre* besteht nur noch aus Mauerresten, ein neues Schloß entstand dort im 14. Jh. (Zugang über den Weiler Camp-Ferrier). Im Bergfried stellen Gewölbeschlußsteine Musikanten dar (April–Okt. tgl. 9–19 Uhr). Im Dorfmuseum ›Quercob‹ u. a. Zeugnisse aus der Troubadour-Epoche des als ›cours d'amour‹ bekannten Schlosses (tgl. ab 10 Uhr).
In *Espéraza* (10 km südl. Alet-les-Bains), einst ein Zentrum der Hutmacherei, das wie eine Fabrik eingerichtete Hutmuseum ›Chapellerie‹ (tgl. ab 10 Uhr) und das Musée des Dinosaures mit Fossil-Funden aus dem Aude-Tal (tgl. ab 10 Uhr).
Château d'Arques (22 km südöstl.) zeigt sich heute als ein Mauerreste überragender quadratischer Donjon aus Buntsandstein mit vier runden Ecktürmen (tgl. ab 9/10 Uhr); Katharer-Ausstellung im Dorf, Maison Déodat Roche. In südöstl. Richtung, über die D 117 bis St-Paul-de-Fenouillet zu erreichen, liegt schön die Einsiedlerkapelle *Ermitage St-Antoine-de-Galamus*.
ⓘ Office de Tourisme, Av. Nicolas Pavillon, 11580 Alet-les-Bains,
Tel. 04 68 69 93 56.

Limoux ⑤

Das teilweise ummauerte Städtchen des Schaumweins ›La Blanquette‹ ist außerdem berühmt für seinen an Venedig erinnernden Karneval: Jan.–März an jedem So drei Umzüge mit wechselnden Kostümen; So zwei Wochen vor Ostern Abschluss mit der ›Nacht der Blanquette‹.
›Catharama‹ heißt eine audio-visuelle Dokumentationsschau, in der die Sekte der Katharer und ihre Religion in sieben Sprachen erklärt wird (tgl. ab 10.30 Uhr).
Besichtigung der Schaumwein-Kellereien über das Verkehrsamt.
ⓘ Office de Tourisme, Promenade du Tivoli, BPS, F-11303 Limoux,
Tel. 04 68 31 11 82

Maßstab 1:300.000 — 0 · 2,5 · 5 · 7,5 · 10 · 12,5 · 15 km

Die einen beten, die anderen handeln – der Sonntagsmarkt um die Kathedrale St-Sernin in Toulouse und der Gottesdienst zur selben Stunde fügen sich zu einem Symbolbild des Midi.

Zwischen den Meeren: die alte Mitte Okzitaniens

Ein bißchen im Windschatten liegt Toulouse, die alte Kapitale Okzitaniens und nun Europas Zentrum der Luftfahrt- und Weltraumtechnologie. Am Nordzipfel der Region und doch, als wär's ein Stück Italien: Nirgends sonst speichert soviel Backstein die Glut der Sonne. Eine Stadt auch zwischen Mittelmeer und Atlantik, am Jahrhundertwerk des Canal du Midi gelegen. Er führt an Carcassonne vorbei mit seiner riesigen Zitadelle.

△ Prunk und Pomp: Salle des Illustres im Capitole von Toulouse

Kandierte Veilchen zum Schnuppern und Naschen ▽

△ Beruhigendes Plätschern auf der eleganten Place Wilson

△ Castelnaudary am Grand Bassin des Canal du Midi

Mazamet lebt von Schafen und Kongressen ▽

Finger stärken. Doch ihre Vollendung erreichte die Baukultur aus gebranntem Lehm in den getürmten Kirchenfassaden der Jacobins, von Notre-Dame-du-Taur und Notre-Dame-de-la-Delbade – es entstand eine ganz neue Architektur.
Die Jacobins, das Mutterhaus der Dominikaner, von außen eine Glaubensfestung, sind im Kirchenschiff alles andere als ein Drohbild der Inquisition. Der Chorpfeiler aus Kalkstein vor allem, der sich in der Höhe wie eine Palme in feine, sich weiter verästelnde Gewölberippen auflöst, scheint eher eine Ermutigung zur Glaubens- und Gedankenvielfalt.

Schauplätze des ›Gai savoir‹

Toulouse, das okzitanisch, katalanisch, italienisch und nun auch europäisch geprägte, ist nach wie vor ein Ort des Gai savoir. In den Cafés und Brasserien der Arkadenpiazza vor dem Capitole, rund um das Grünoval der Place Wilson, auf der Place St-Georges und der dreieckigen Place de la Trinité, pulsiert diese Lebensfreude bis spät in die Nacht. Die Mauern speichern die Tageswärme lange. Manchmal sieht man die Pyrenäen als Schattenriß vor dem letzten Abendrot. Nur noch der Föhn kann mediterranen Frohsinn vorübergehend dämpfen.

Riquet löst das Kanal-Problem

In Toulouse vereinigen sich Garonne, ihr weiter zum Atlantik führender Seitenkanal und der Canal du Midi. Postboote, Wasserkutschen für Passagiere und bis zu 350-Tonnen-Frachter nutzten die Strecke zum Mittelmeer, bis die Eisenbahn statt Weile moderne Eile bot. Bereits die Römer hatten eine maritime Abkürzung geplant – aber verwirklicht wurde die Idee von einem Landjunker, Pierre-Paul Riquet. Der löste das Problem der als unüberwindlich geltenden Schwelle zwischen den zum Mittelmeer und zum Atlantik fließenden Wassern, indem er am Scheitelpunkt eine Quelle anzapfte und diese durch sämtliche aus der Montagne Noire abgeleiteten Wildbäche verstärkte. So gelang es ihm, Dutzende von Schleusen beiderseits der Wasserscheide stets gefüllt zu halten. Vierzehn Jahre lang schufteten mehr als 10 000 Arbeiter an dem

△ Ein Städtedenkmal wie das ab 1844 restaurierte Carcassonne lebt heute vom Tourismus

Triumph der Gotik: Rosette in der Kirche St-Nazaire von Carcassonne ▽

Vater und Sohn brauchten nicht zu Fuß gehen; die Kutsche steht parat ▽

Ausgewählte Hotels und Restaurants

HOTELS

In den Städten

****/*** Imperator**
28 Allées Paul Riquet, F-34500 Béziers, Tel. 04 67 49 02 25. Traditionshotel am Bummelboulevard im Stadtzentrum.
*****/**** Guilhem**
18 Rue Jean-J. Rousseau, F-34000 Montpellier, Tel. 04 67 52 90 90. Geschmackvolle Zimmer in einem Ensemble von alten Häusern mit Garten.
****/**** Motel L'Occitanie**
Avenue de la Mer, F-11100 Narbonne, Tel. 04 68 65 47 60. Die Zimmer dieses zeitgenössischen Baus, teils mit Miniküche ausgestattet, gehen in den Garten über.
***** New Hotel la Baume**
21, Rue Nationale, F-30000 Nîmes, Tel. 04 66 76 28 42. Moderner Komfort unter alten Deckenbalken in einem Stadtpalais des 17. Jh., prachtvolle Steintreppe, preiswertes Restaurant.
*** Amphithéâtre**
4, Rue des Arènes, F-30000 Nîmes, Tel. 04 66 67 28 51. Einfaches Hotel gleich an der Arena und nur Schritte vom Markt entfernt.
Hôtel de la Poste et de la Perdrix
6, Rue Fabriques d'En Nabot, F-66000 Perpignan, Tel. 04 68 34 42 53. Zwischen Castillet und Canal de la Basse steht dieses Haus mit schöner, altmodischer Fassade. Restaurant.
Hotel de France
16, Quai Sadi Carnot, F-66000 Perpignan, Tel. 04 68 34 92 81. Am Canal de la Basse, wenige Schritte vom Castillet. Mit Restaurant l'Echanson.
******/***** Hôtel des Beaux-Arts**
1, Place du Pont-Neuf, F-31000 Toulouse, Tel. 05 34 45 42 42. Schönes Haus im Herzen des alten Toulouse am Ufer der Garonne.
****** Mermoz**
50, Rue Matabiau, F-31000 Toulouse, Tel. 05 61 63 04 04. Im Stil der 1930er Jahre, modernisiert, ruhige Lage zwischen Bahnhof und Zentrum, großer Innenhof.

An der Küste

****/**** St-Louis**
10, Rue de l'Amiral Courbet, F-30220 Aigues-Mortes, Tel. 04 66 53 72 68. Intra muros, vor allem die Zimmer zum Hof sind sehr ruhig. Restaurant.
*****/***** Lei Lido**
50, Boulevard de la Mer, F-66700 Argelès-Plage, Tel. 04 68 81 10 32. Moderner Bau in einem Garten direkt am Meer. Strand-Klub.
******/***** Capao**
Cap d'Agde; Av. des Corsaires, F-34300 Agde,' Tel. 04 67 26 99 44. Moderne, kleine Zimmer mit Sonnenterrasse direkt am Strand Richelieu. Meereswasserkuren.
/ Les Templiers**
12, Quai de l'Amirauté, F-66190 Collioure, Tel-. 04 68 98 31 10. Hier wohnten und tafelten Picasso und seine Malerfreunde, katalanisches Ambiente am Hafen, einige Zimmer im Anbau.
*****/***** Azur Bord du Mer**
Presqu'ile du Port, F-34280 La Grande Motte, Tel. 04 67 56 56 00. Moderner Marina-Bau mit Stilmöbeln und Zimmern mit Seeblick.
**** Splendid-Hotel**
Boulevard du Maréchal-Juin, F-30240 Le Grau-du-Roi, Tel. 04 66 51 41 29. Behäbiges Haus mit Balkons zum Strand nahe den Hafenbistros.
****** Relais de l'Oustau Camarguen**
Port Camargue; 3, Route des Marines, F-30240 Port Camarguen, Tel. 04 66 51 51 65. Eine Oase am Ortsrand im Stil der Camargue mit alten Möbeln. Wellness-Center.
*** Accueil de la Plage**
Gruissan-Plage; 13, Rue Berard L'Heremite, F-11430 Gruissan, Tel. 04 68 49 00 75. Einfaches, sympathisches Strandhotel in der Nähe der Stelzenhäuser.
**** Relax'otel**
Avenue Thalassa, F-66420 Port-Barcarès, Tel. 04 68 86 32 82. Zwischen Meer und Lagune, modern. Anschluß an Thalassotherapie-Zentrum.
**** Hotel de la Plage**
9, Avenue du Golfe du Lion, F-66420 Le Barcarès, Tel. 04 68 86 13 84. Ganzjährig geöffnet, zentral und strandnah gelegen.
*** St-Elme**
2, Quai Pierre Forgas, F-66660 Port-Vendres, Tel. 04 68 82 05 71. Komfortable Zimmer, teils mit Blick auf den Fischereihafen.
/* Grand Hôtel**
17, Quai de Tassigny, F-34200 Sète, Tel. 04 67 74 71 77 Belle-Époque-Haus im Kolonialstil an einer Kanalgabelung, Patio mit Glasdach, schönes Empire-Restaurant ›La Rotonde‹.

Im Landesinneren

**** La Porte des Cévennes**
Route de St Jean du Gard, F-30140 Anduze, Tel. 04 66 61 99 44. Schlichtes Etappenhotel, rückwärtige Zimmer mit Flußblick. Restaurant.
****/**** Les Doctrinaires**
Quai du General de Gaulle, F-30300 Beaucaire, Tel. 04 66 59 23 70. Schönes Haus am Kanalhafen, 300 m vom Schloß gelegen, Restaurant.
Le Pont Vieux
32, Rue Trivalle, F-11000 Carcassonne, Tel. 04 68 25 24 99. Einstiges Patrizierhaus an der Zufahrt zur Porte Narbonnaise der Cité.
*** Hôtel du Canal**
2c, Avenue Vidal, F-11400 Castelnaudary, Tel. 04 68 94 05 05. Modern, ruhig, im Grünen am Hafen des Canal du Midi.
*** L'Europe**
5, Rue Victor-Hugo, F-81100 Castres, Tel. 05 63 59 00 33. Eine gelungene Kombination von 17. Jh. und Neuzeit voller Charme.
/* Grand Hôtel Moderne et Pigeon**
1, Place du Général Leclerc, BP 10 F-11300 Limoux, Tel. 04 68 31 00 25. Viel Atmosphäre und Bäder in Carrara-Marmor hat dieses zentral gelegene Haus. Klassische Küche.
*** Le Colombier**
Pont-du-Gard; D 981 (rechtes Flußufer), F-30210 Remoulins, Tel. 04 66 37 05 28. Einfach ausgestattet, aber sehr ruhig am Gardon-Ufer gelegen, 800 m vom Aquädukt.
*** Le Fleuve-Trotteur**
Fort de Galician, F-30600 Vauvert, Tel. 06 09 52 47 15. Hotel-Boot am Rhône-Sète-Kanal, kann auch für Touren (6–8 Pers.) in die Petite Camargue gemietet werden.

Im Gebirge

*** Les Arcades**
1, Place Picasso, F-66400 Céret, Tel. 04 68 87 12 30. Zimmer im katalanischen Stil, Studios in Wochenmiete, schöne Lithographie-Sammlung.
***/** Clair Soleil**
Route d'Odeillo, F-66120 Font-Romeu, Tel. 04 68 30 13 65. Komfortables Berghotel mit Panorama-Restaurant nahe dem Sonnenofen von Odeillo. Geheizter Pool.
*** Hôtel Mas**
25, Avenue Charcot, F-34240 Lamalou-les-Bains, Tel. 04 67 95 62 22. Jahrhundertwende-Milieu mit viel Charme, gutes Restaurant.
******/***** Château de la Caze**
An der D 907 gelegen, F-48210 La Malène Tel. 04 66 48 51 01. Luxus in einer Schloßburg des 15.Jh. mit Nebengebäude im riesigen Park am Tarn-Ufer, kleine Strände. Sehr gutes Restaurant.
/ Le Mont Aigoual**
Rue de la Barrière, F-48150 Meyrueis, Tel. 04 66 45 64 25. Cevennen-Milieu und moderner Komfort in 700 m Höhe. Restaurant.
*****/***** Château d'Ayres**
An der D 57, F-48150 Meyruels, Tel. 04 66 45 60 10. Befestigtes Kloster des 12. Jh. mit Restaurant im Kreuzgewölbe, Park, Pool, Pferde.
*** Les Touristes**
1, Avenue du Haut-Vallespir, F-66230 Prats-de-Mollo, Tel. 04 68 39 72 12. Ein altes und ein neues Haus ›à la catalane‹ im Grünen. Restaurant.
*** Manoir du Raveyron**
Rue Henri-Barbusse, F-07150 Vallon-Pont-d'Arc, Tel. 0475880359. Landhaus, große Terrasse in einem Park an den Gorges de l'Ardèche. Preiswertes Restaurant.
/* Les Mas Fleuri**
25, Boulevard Clémenceau, F-66820 Vernet-les-Bains, Tel. 04 68 05 51 94. Hotelensemble in einem Park an der Straße zur Abtei St-Martin-du-Canigou.
*** Le Vauban**
5, Place de l'église, F-66500 Villefranche-de-Conflent, Tel. 04 68 96 18 03. In der romantischen Festungsstadt, Restaurant Auberge St-Paul gleich nebenan.

RESTAURANTS

Les Arcades
23, Boulevard Gambetta, F-30220 Aigues-Mortes, Tel. 04 66 53 81 13. Zeitgenössisches Ambiente in einem Herrenhaus aus dem 16. Jh. Menü 20–40 €. Zimmer 75 € inkl. Frühstück.
Le Sardinal
4a, Place Paul-Reig, F-66650 Banyuls-sur-Mer, Tel. 04 68 88 30 07. Schlicht, proper, hier laben sich die lokalen Gourmets an erfindungsreicher katalanischer Küche. Menü 15–40 €.
La Barbacane
Place St. Nazaire, F-11000 Carcassonne, Tel. 04 68 71 98 67. Prämiertes Nobel-Lokal in einem neogotischem Bau auf der Stadtmauer. Raffinierte Gerichte/Desserts. Menü 50–70 €.
Le Petit Jardin
20, Rue Jean-J. Rousseau, F-34000 Montpellier, Tel. 04 67 60 78 78. Schattiges Terrassen-Restaurant am Rand der Altstadt mit regionaler Küche. Menü 14–25 €.
Le Lion d'Or
39, Avenue Pierre Sémard, F-11100 Narbonne, Tel. 04 68 32 06 92. Zentral gelegen, einfach, preiswert, gute Hausmannskost in einem Hotel-Restaurant. Menü 15–25 €.
L'Enclos de la Fontaine
Quai de la Fontaine, F-30000 Nîmes, Tel. 04 66 21 90 30. Künstler und Toreros schätzen die klassischen Midi-Gerichte in diesem Patrizierhaus mit alten Möbeln – wie zuvor schon Picasso und Hemingway. Menü 25–40 €.
L'Opéra-Bouffo
Impasse de la Division, F-66000 Perpignan, Tel. 04 68 34 28 09. Nur Schritte vom Castillet die ganze Palette katalanischer Kochkunst: Pebrots, Parillada de peixos, Xup-xup de mariscos. Menü 8–20 €.
Le Clément IV
Quai Canal, F-30800 Saint Gilles, Tel. 04 66 87 00 66. Fischspezialitäten in rustikalem Bistro am Rhône-Sète-Kanal.
La Marine
29, Quai du Général-Durand, F-34200 Sète, Tel. 04 67 74 30 03. Meerestiere und -früchte aller Art nach örtlicher Tradition am Kai der Trawler. Menü ab 14 €.
Les Jardins de l'Opéra
1, Place du Capitole, F-31000 Toulouse, Tel. 05 61 21 82 66. Luxuriös-romantisches Spitzenlokal in ehemaligem Kloster. Südwest-Spezialitäten. Menü 30–75 €.
Brasserie des Beaux-Arts
1, Quai de la Daurade, F-31000 Toulouse, Tel. 05 61 21 12 12. Belle-Epoque-Ambiente, preiswerte Gerichte und Weine. Menü 18–25 € inkl. Karaffen-Wein.

Stand: Oktober 2002

Touristik-Informationen

Ambulanz bzw. Notarzt: Tel. 15. Giftzentrale (Centre Anti-Poison) Paris, Tel. 0140370404.

Kanal-Tourismus

Alles Wissenswerte über Ferien in Hausbooten und Boothotels sowie Tagesausflüge auf dem Canal du Rhône à Sète, der Petit Rhône, dem Canal de la Robine und dem Canal du Midi enthält die Broschüre ›Tourisme Fluvial‹ der Region Languedoc-Roussillon (siehe Adressen).

Mietwagen

Leihwagen sind in Frankreich billiger geworden. Auch ein ›forfait‹ ein Pauschalpreis für eine oder mehrere Wochen oder ein Wochenende ist günstig, ebenso ein Spezialferientarif ›vacances‹ oder Angebote bei Vorlage der Zugfahrkarte bzw. des Flugscheins der innerfranzösischen Gesellschaft Air Inter am Ankunftsort.

Natur und Umwelt

Der 1970 gegründete Cevennen-Nationalpark ist mit 328 ha Frankreichs größter. Er umfaßt den Mont Lozère, den Mont Aigoual und einen Teil der Causses. Deren weitere Ausdehnung schützt seit 1995 der regionale Parc Naturel des Grands Causses. Noch weiter westlich umfaßt seit 1973 der regionale Parc Naturel du Haut Languedoc die Bergmassive Caroux-Espinouse, Le Sidobre, die Monts de Lacaune und den Nordteil der Montagne Noire. An der Küste gibt es Naturreservate wie Le Mas Larieu an der Tech-Mündung.
Weite Strecken zwischen den Feriensiedlungen dürfen nicht bebaut werden. Öko- und Heimatmuseen, Naturlehrpfade, Bauernhöfe und Handwerksbetriebe ergänzen diese Bemühungen zum Schutz des überlieferten Milieus.

Radfahren

Fahrräder können in allen größeren Touristenorten sowie an den Bahnhöfen von Génolhac und Agde gemietet werden. Montpellier hat ein Zweirad-Programm ›vill'à vélo‹. In den Pyrenäen (Font-Romeu und Pyrénées 2000) und ab Rivesaltes werden Mountainbike-Exkursionen arrangiert.

Souvenirs

Alles, was sich an Schönem aus dem Midi nach Hause tragen läßt: Gewürzkräuter, eingelegte Oliven, Olivenöl, Honig aus der Garrigue und kleine Ziegenkäse, Geräuchertes aus den Cevennen und Pyrenäen, Körbe aus Kastanienzweigen, eine Bourratche, ein lederner Trinkbeutel für katalanischen Wein, alter Banyuls Grand Cru, Cevennenseide und katalanische Stoffe, CDs/Kassetten des katalanischen Sängers

Das Grand Hôtel in Sète mit seinen Galerien im überdachten Innenhof erinnert an die Zeit, als die Stadt noch Tor zu den Kolonien war.

Lluis Llach oder mit gregorianischen Gesängen aus der Abtei d'En-Calcat, Cuirot-Bonbons aus Mamazet oder katalanische Tourons, ein Naschwerk zwischen Marzipan und zähem Nougat.

Telefon

Die internationale Frankreich-Vorwahl ist 0033, dann folgt die stets neunstellige Anschlußnummer (also ohne die angegebene erste Null). Von Frankreich aus wählt man 0049 für Deutschland, dann die Ortsvorwahl ebenfalls ohne 0. Fast alle Telefonzellen sind für den Betrieb mit einer Télécarte ausgerüstet, die es in Postämtern und ›Tabac‹-Läden für 40 bzw. 120 Einheiten (Unités) gibt. Münztelefone noch in Bars und Restaurants (›Point Phone‹).

Unterkunft

Außer Hotels gibt es zahlreiche Résidences de Tourisme, komplette Hotelwohnungen, in denen man sich selbst versorgen, wahlweise aber auch den Hausservice in Anspruch nehmen kann. 3200 vollausgestattete Ferienwohnungen in den Bergen, auf dem Land und nahe dem Meer nennen sich ›Gite rural‹ und sind wochenweise oder für ein Wochenende zu mieten. Unter dem Motto ›Bienvenue à la ferme‹ wird Bauern- und Reiterhofurlaub angeboten. Der Prospekt ›Hébergement familial et locations de vacances‹ enthält auch Adressen örtlicher Agenturen, die Ferienwohnungen vermieten. Außerdem gibt es ca. 1000 Chambres d'hôtes, Privatzimmer, von den Verkehrsämtern vermittelt.

Verkehrsverbindungen

Auf der Autobahn sind es von Straßburg nach Nîmes ca. 750 km, nach Perpignan ca. 950 km. Für die Maut (Péage) sollte man genügend Münzgeld bereithalten.
Der Hochgeschwindigkeitszug TGV fährt von Paris-Gare de Lyon mehrmals täglich nach Nîmes, Montpellier, Béziers und endet in Perpignan (6 Std.). Unbürokratisch gibt es Rabatt-Karten für z.B. Familien, junge Leute und Senioren am Fahrkartenschalter.
Die Fluggesellschaft Air France fliegt von Mülhausen/Basel via Paris-Orly nach Nîmes, Montpellier und Béziers/Agde.

Wandern

Ein Netz von 6300 km weiß-rot markierten Trekking-Pfaden (Sentiers de Grande Randonné; GR) ist für längere Touren oder Wanderferien ausgelegt. Der GR 68 rundet den Mont Lozère, der GR 7 quert sein Zentrum; der GR 65 folgt mit Verzweigungen dem alten Pilgerpfad nach Santiago de Compostela, der GR 71 führt zu den Stätten der Templer- und Johanniter im Larzac. Esel bzw. Lamas als Pack- oder Reittiere für Kinder sind in Le Pont-de-Montvert und Lodève tage- oder wochenweise zu mieten (auch organisierte Touren möglich).
Detaillierte Routenangaben enthalten die jeweiligen ›Topo-Guides‹ des Institut National de Géographie (ign), erhältlich in den gebietsnahen Buchhandlungen oder über die Fédération Francaise de la Randonnée Pédestre, Centre d'Information de la Randonnée Pédestre 14, rue Riguet, 75019 Paris, Tel. 0144899393, Fax. 0140358567

Wetterdaten

Perpignan	Tages-temp. max.	Nacht-temp. min.	Wasser-temp.	Tage mit Nieder-schlag	Sonnen-stunden pro Tag
Januar	12°	4°	12°	5	5
Februar	13°	5°	12°	5	5
März	15°	7°	12°	5	7
April	18°	9°	13°	6	7
Mai	21°	12°	15°	6	8
Juni	26°	16°	18°	4	9
Juli	29°	19°	20°	3	10
August	28°	18°	21°	4	9
September	25°	16°	20°	4	7
Oktober	21°	12°	17°	5	6
November	16°	8°	15°	5	5
Dezember	13°	5°	13°	5	5

Quelle: Deutscher Wetterdienst, Hamburg

Register

(**Fettgedruckte** Ziffern verweisen auf Autoatlas und Stadtplan, unterstrichene Ziffern auf Abbildungen)

Zeichenerklärung Karten

Autoatlas

- Autobahn mit Anschlußstelle -, Halbanschlußstelle - Mautstelle
- Autobahn in Bau - geplant
- Tankstelle - Rasthaus -, mit Motel
- Vierspurige Straße - in Bau
- National- oder Staatsstraße - in Bau
- Wichtige Hauptstraße - in Bau
- Hauptstraße - Nebenstraße
- Fahrweg (nur bedingt befahrbar) - Fußweg
- Autobahn-, Europastraßennummer
- Straßennumerierung
- Kilometrierung an Autobahnen
- Kilometrierung an übrigen Straßen
- Hauptbahn mit Bahnhof - Nebenbahn
- Eisenbahn (nur Güterverkehr)
- Autoverladung
- Schiffahrtslinie mit Autotransport
- Autofähre an Flüssen - Boots- oder Jachthafen
- Flughafen - Flugplatz - Segelflugplatz
- Besonders sehenswerter Ort
- Sehenswerter Ort
- Besonders sehenswertes Bauwerk
- Sehenswertes Bauwerk
- Besondere Natursehenswürdigkeit
- Sonstige Sehenswürdigkeit
- Wo-gibt-es-was? - Hinweis
- Landschaftlich schöne Strecke
- Nationalpark, Naturp. - Aussichtspkt.
- Burg, Schloß f. Besucher zugänglich - Kapelle
- Sonstige Burg, Schloß - Kirche - Kloster
- Ruinen
- Turm - Funk- oder Fernsehturm - Denkmal - Leuchtturm
- Alleinstehendes Hotel oder Gasthaus - Motel
- Jugendherberge - Berghütte - Einzelhof
- Campingpl. ganzjährig -, nur im Sommer
- Strandbad - Schwimmbad
- Guter Badestrand
- Staatsgrenze mit Grenzübergang
- Departementsgrenze
- Sperrgebiet - Wald
- Sumpf - Sand und Dünen
- Reisfeld - Salzgewinnung

Cityplan

- Durchgangsstraße - Hauptstraße
- Parkplatz - Information - Polizei - Post
- Sehensw. Kirche - Kirche - Krankenhs.
- Bebauung - öffentliches Gebäude
- Wo-gibt-es-was? - Hinweis

Impressum

1. Auflage 1998; 2. aktualisierte Auflage 2002
Verlag: HB Verlag, Marco-Polo-Zentrum, 73760 Ostfildern, Postfach 3151, 73751 Ostfildern, Tel. 0711/4502-0, Fax 0711/4502-135, www.hb-verlag.de, hb@mairs.de
Geschäftsführer: Dr. Thomas Brinkmann, Dr. Stephanie Mair-Huydts,

Chefredaktion und Programmleitung: Rainer Eisenschmid, Birgit Borowski, **Redaktion:** Peter M. Nahm
Text: Alphons Schauseil, Ville-di-Paraso **Exklusiv-Fotografie:** Kai Ulrich Müller, Berlin **Zusätzliches Bildmaterial:** Alphons Schauseil, Ville-di-Paraso (S. 34 oben) **Layout:** Rolf Bünermann, Gütersloh
Kartographie: © Mairs Geographischer Verlag, Ostfildern
HB Bildatlas Fotoservice: HB Verlag, Marco-Polo-Zentrum, 73760 Ostfildern, Tel. 0711/4502-266, Fax 0711/4502-1006, nebel@mairs.de

Anzeigenalleinverkauf: KV Kommunalverlag GmbH & Co. KG, Postfach 810565, 81905 München, Tel. 089/928096-34 oder -42, Fax 089/928096-38
Vertrieb Zeitschriftenhandel: Partner Pressevertrieb GmbH, Postfach 810420, 70521 Stuttgart, Tel. 0711/7252-227, Fax 0711/7252-310
Vertrieb Abonnement: Zenit Pressevertrieb GmbH, Postfach 810640, 70523 Stuttgart, Tel. 0711/7252-265, Fax 0711/7252-333
Vertrieb Buchhandel und Einzelhefte: Mairs Geographischer Verlag, Marco-Polo-Zentrum, 73760 Ostfildern, Tel. 0711/4502-0, Fax 0711/4502-340
Reproduktionen: Otterbach Digital World KG GmbH & Co., Rastatt; **Druck und buchbinderische Verarbeitung:** Echter Druck GmbH, Würzburg. Printed in Germany

ISBN 3-616-06284-5

Lieferbare Ausgaben

HB Bildatlas

Deutschland

227 Allgäu
198 Altmühltal
204 Bayerischer Wald
235 Berlin
235 Berlin (englische Ausgabe)
185 Bodensee
111 Brandenburg
178 Chiemgau · Berchtesgadener Land
145 Dresden · Sächs. Schweiz
121 Eifel · Aachen
133 Elbe und Weser
163 Erfurt · Weimar · Nördliches Thüringen
171 Erzgebirge · Vogtland · Chemnitz
190 Fichtelgebirge · Frankenwald · Coburger Land
242 Frankfurt · Taunus · Rheingau
125 Fränkische Schweiz
131 Hamburg
131 Hamburg (engl. Ausgabe)
73 Hannover · Braunschweiger Land
129 Harz
188 Hessisches Bergland
234 Hunsrück · Naheland · Rheinhessen
233 Leipzig · Halle · Magdeburg
209 Lüneburger Heide
137 Mainfranken
240 Mecklenburg-Vorpommern
151 Mittelfranken
135 Mosel
165 München
119 Münsterland · Münster
153 Nördlicher Schwarzwald
159 Nordseeküste Schleswig-Holstein
196 Oberbayern zwischen Lech und Inn
143 Odenwald · Kraichgau · Bergstraße
219 Osnabrücker Land · Emsland · Oldenburger Münsterland
155 Ostbayern zwischen Donau und Inn
211 Ostfriesland · Oldenburger Land
168 Ostseeküste Mecklenburg-Vorpommern
157 Ostseeküste Schleswig-Holstein
215 Die Pfalz
194 Potsdam · Havelland
149 Rhein und Ruhr
243 Rhein zwischen Köln und Mainz
127 Rhön
208 Rügen · Usedom · Hiddensee
161 Saarland
78 Sachsen
114 Sachsen-Anhalt
200 Schwäbische Alb
179 Seen in Mecklenburg und Lauenburg
147 Spessart
214 Spreewald · Lausitz · Märkisch-Oderland
247 Südschwarzwald
224 Sylt · Amrum · Föhr
182 Tauber und Neckar · Stuttgart · Heilbronn · Rothenburg
173 Teutoburger Wald · Ostwestfalen
94 Thüringen
141 Thüringer Wald
202 Trier
237 Weserbergland

Benelux

187 Flandern · Brüssel
146 Holland: Inseln · Küste · Amsterdam
62 Luxemburg
246 Amsterdam

Frankreich

160 Atlantikküste
122 Bretagne
217 Burgund
225 Côte d'Azur · Monaco
222 Elsass
221 Korsika
132 Normandie
229 Paris
192 Provence
184 Südfrankreich · Languedoc-Roussillon

Griechenland

193 Athen · Peloponnes
140 Griechische Inseln: Kykladen
189 Korfu · Ionische Inseln
228 Kreta
104 Rhodos · Dodekanes
166 Zypern

Grossbritannien · Irland

158 Irland
197 Kanalinseln
175 London
231 Nordengland
144 Schottland
241 Südengland
216 Wales

Italien · Malta · Kroatien

195 Adriaküste · Emilia-Romagna
239 Gardasee · Trentino
156 Golf von Neapel · Kampanien
74 Italienische Riviera · Genua
238 Kroatische Adriaküste
128 Malta
210 Mittelitalien: Marken · Umbrien · Abruzzen
142 Oberitalienische Seen · Lombardei · Mailand
230 Piemont · Aostatal
226 Rom
136 Sardinien
232 Sizilien
201 Süditalien: Apulien · Basilikata
207 Südtirol
167 Toskana · Florenz
181 Venedig · Venetien · Friaul · Triest

Mittel- und Osteuropa

164 Böhmen
138 Budapest
148 Danzig · Ostsee · Masuren
248 Prag
152 St. Petersburg
244 Südpolen

Österreich

162 Burgenland
170 Kärnten
199 Niederösterreich · Wachau
218 Oberösterreich
220 Salzburger Land · Salzkammergut · Salzburg
66 Steiermark · Graz
174 Tirol
47 Vorarlberg
206 Wien

Schweiz

154 Basel · Bern · Aargau · Solothurn
172 Tessin
191 Westschweiz
72 Zentral- und Ostschweiz

Spanien · Portugal

236 Algarve · Lissabon
223 Andalusien
150 Costa Blanca · Valencia · Alicante
109 Costa Brava · Katalonien
176 Gran Canaria · Fuerteventura · Lanzarote
213 Ibiza · Formentera · Menorca
245 Lanzarote
134 Madrid
212 Mallorca
203 Nordportugal
205 Nordspanien
177 Teneriffa · La Palma · Gomera · Hierro

Skandinavien

183 Bornholm
186 Jütland
180 Nordnorwegen
169 Südfinnland · Helsinki
106 Südnorwegen
118 Südschweden · Stockholm

HB Bildatlas Euro-Special

13 Belgien
6 Dänemark
15 Deutschland
15 Deutschland (englische Ausgabe)
8 England · Wales
17 Finnland
1 Frankreich
7 Griechenland
2 Italien
10 Niederlande
11 Norwegen
5 Österreich
14 Polen
9 Portugal
12 Schweden
4 Schweiz
3 Spanien
16 Tschechien
18 Ungarn

HB Bildatlas Special

Afrika · Naher Osten

67 Ägypten
64 Arabien: V. A. Emirate · Oman · Kuwait · Qatar · Bahrain
52 Indischer Ozean: Madagaskar · Mauritius · La Réunion · Seychellen · Komoren
17 Israel
47 Jemen
29 Jordanien
15 Kenia
72 Marokko
61 Namibia
22 Südafrika · Namibia
41 Syrien
71 Tunesien · Libyen
6 Türkei: Ägäisküste · Istanbul
1 Türkei: Südküste

Australien · Ozeanien

45 Australien: Melbourne · Tasmanien · Westen
27 Australien: Ostküste
18 Neuseeland
38 Südsee

Europa

7 Island
54 Madeira · Azoren · Kapverden

Süd- und Südostasien · Ferner Osten

12 Bali · Lombok · Java
25 Himalaya
10 Hongkong
53 Indien: Rajasthan · Delhi · Agra
39 Indien: Südindien
23 Japan
43 Peking
69 Philippinen
19 Singapur · Malaysia
34 Sri Lanka und Malediven
49 Südkorea
70 Thailand
36 Vietnam

Süd- und Mittelamerika · Karibik

44 Argentinien
30 Brasilien: Rio und die Küste · Minas Gerais
57 Chile
55 Dominikanische Republik · Haiti
63 Ecuador und Galápagos-Inseln
60 Jamaika
9 Karibik
65 Kleine Antillen: Antigua · Guadeloupe · Martinique · Barbados u. a.
33 Kuba
73 Mexiko
40 Mittelamerika: Guatemala · El Salvador · Honduras · Belize
51 Peru
28 Venezuela

USA · Kanada

58 Alaska
48 Chicago und die Großen Seen
62 Florida
24 Hawaii
2 Kalifornien
32 Kanadas Osten · Québec · Ontario
13 Kanadas Westen
68 Las Vegas · Grand Canyon
31 Nationalparks
46 Neuengland · Boston
20 New Orleans und die Südstaaten
5 New York
35 Nordkalifornien · San Francisco
56 Nordwesten: Washington · Oregon
50 Rocky Mountains
66 Route 66
42 Südkalifornien · Los Angeles
37 Südstaaten · Washington D. C.
26 Südwesten: Nevada · Utah · Arizona · New Mexico
59 Texas